NOUVELLE NOTICE

SUR

N.-D. DU FOLGOËT

ET

SUR SES ENVIRONS,

PAR

M. Daniel-Louis **MIORCEC DE KERDANET**,

Docteur en droit, Membre de l'Institut historique et de l'Académie d'enseignement.

Adorabimus in loco ubi steterunt pedes ejus : « Nous l'adorerons dans le lieu où elle a posé ses pieds. »
Psalm 431, V. 7.

BREST,

IMPRIMERIE DE J.-B. LEFOURNIER AÎNÉ, GRAND'RUE, 86.

—

Juillet 1853.

NOUVELLE NOTICE

N.-D. DU FOLGOËT.[1]

Stans vesto deauratâ!

Vue générale du Monument. — Son origine.

Le voyageur arrive devant l'auguste Basilique (2), et jetant ses regards sur l'ensemble du monument, il s'écrie avec l'archange Gabriel : « Voilà la Servante du Seigneur : » *Eccè Ancilla Domini!*

Il mesure ensuite, il considère, de la base au sommet, cette grande tour ogivale (3) si riche, si bien parée, et il s'écrie : « Voilà la Tour de David ! Voilà la tour belle comme l'ivoire ! » *Turris Davidica ! Turris eburnea!*

Puis, reportant ses regards sur l'ensemble de l'église,

---

(1) Cette église est à 861 toises de celle de Lesneven : ce qui fait un tiers de lieue de distance, plus 61 toises.

(2) Elle a 421 pieds de circonférence, à l'extérieur.

(3) Hauteur de cette grande tour, 164 pieds; escalier, 133 marches.

armée de ses flèches, de ses aiguilles, de ses galeries, de ses créneaux, il s'écrie : « Salut, Arche sainte et cité de » refuge, tours fortifiées de David, arsenal et remparts » contre nos ennemis ! » *Turris David, propugnaculis, armisque insignita !*

Il admire ces niches sans nombre, ornées d'anges et de saints ; il admire tout ce monument, et le monument semble lui dire : « Je suis l'Église sainte ; je suis la ville » sainte, l'heureuse Jérusalem, appelée Vision de la paix, » la ville bâtie de pierres vivantes, et entourée d'anges, » comme une épouse l'est de ses compagnes. Je suis cette » nouvelle Jérusalem qui vient du ciel, comme de sa » chambre nuptiale et préparée pour être unie à mon » époux par des noces sacrées (1). Mes places et mes » murailles sont revêtues comme d'un or très-pur. Les » pierres vivantes dont je suis bâtie sont polies par la main » des hommes ; elles sont mises chacune en leur place et » doivent toujours demeurer dans cet édifice éternel (2).

» Je suis un véritable prodige par la perfection des » vêtements qui m'entourent ; et je suis un mystère par la » faiblesse de mon origine.

» Un pauvre villageois a été la cause de ma naissance : » on le nommait Salaün. Dans son jeune âge, il n'avait » voulu apprendre, et, dans tout le cours de sa vie, il ne » voulut retenir qu'une seule chose, qu'un seul mot, le » nom seul de Marie. Quelle plus belle science ? Quelle

(1) *Sanctam civitatem Jerusalem novam descendentem de cœlo, à Deo paratam, sicut sponsam ornatam viro suo.* S. Joan. 21

» science plus utile ? Quoi de plus doux que ce nom ,
» puisqu'il est plein d'amour, puisqu'il signifie aimer et
» être aimé, dans les deux langues les plus célèbres ,
» celle des Romains et celle des Français ? »

Maria ,	Marie ,
Amari !	Aimer !

Virgo ! tuum nomen quis non amet ? Illud amoris
plenum est : nil MARIA *est Romanis prœter* AMARI *; et*
Francis, ô Diva, tuis nil prœter AMARE *! Et tibi sunt*
dotes, Virgo, quot sydera cœlo !

Et voici quel était cet amant de Marie , qu'on avait
surnommé le Fou du Bois , parce qu'il avait vécu d'une
manière étrange aux hommes, sous un vieux chêne, dans
la forêt de Lesneven (1) :

Il fut à l'école ,
Mais nulle parole
Ne le captiva ;
Quand, tout l'importune,
Il n'en retient qu'une :
    Ave Maria !

∞

Objet de risée,
La foule insensée
Le poursuit parfois ;
La bande ennemie
Des enfants lui crie :
« C'est le fou du bois ! »

(1) Forêt dont il est fait mention dans un acte de 1216 : *Actum in nemore de*
Lesneven anno gratiæ M.° CC.° sexto decimo, mense Augusti.

De ses parents sonne l'heure suprême ;
Il resta seul, enfant abandonné ;
Plus de refuge ; il faut quitter même
Ce pauvre toit sous lequel il est né :
 Il prend son asile
 Sous l'arbre tranquille
 Du bois qu'il chérit ;
 Sur la terre nue
 Sa tête ingénue
 Repose la nuit.

Chaque matin, pour entendre la messe,
Salaün se rend, dès l'aube, au bourg voisin ;
Il y redit le même nom sans cesse,
Et tout le temps de l'office divin.
 Puis (car il mendie),
 Pour gagner sa vie,
 Va tendant la main,
 Revient à son chêne,
 Et dans sa fontaine
 Il trempe son pain.

Le repas fait, de son abri paisible
De branche en branche il gagne le sommet ;
Il se suspend au bout d'un bois flexible,
Et sans effroi dominant la forêt,
 Avec innocence
 Dans l'air se balance
 Et chante plus fort
 Son hymne chérie,
 Le nom de Marie,
 Dans un doux transport.

Il passe ainsi quarante ans de sa vie,
Sans autre abri, ni l'été, ni l'hiver,
Soudain, frappé par une maladie,
Plus d'un asile lui fut offert;
    Mais quitter son chêne,
    Sa chère fontaine,
    Salaün ne veut pas;
    Au bois le pauvre être
    Fait venir un prêtre,
    Et meurt dans ses bras.

Depuis longtemps, le sol couvrait ses restes,
Et mieux encore l'oubli couvrait son nom,
Quand Dieu montra, par des signes célestes,
Combien du fou la sainte affection
    Était donce et chère
    A son divin fils.
    A travers la mousse
    Sur la tombe pousse
    Un blanc et beau lys (1).

Dieu le posa gracieux sur sa tige,
Le parfuma; mais il fit plus encor;
Dans son calice opérant un prodige,
Le doigt divin traça des lettres d'or :
    Sur chaque corole
    Dieu mit la parole
    Que Salaün aima;
    Tous peuvent y lire,
    Et chacun admire
      Ave Maria !

(1) « Tout couvert de ses fleurs, quoique ce fust en une saison contraire et proche de l'hyver. »

On accourut de toute la Bretagne
Pour contempler les deux mots merveilleux ;
Tout le pays , la ville , la campagne
Vint adorer le lys miraculeux.
    Le seigneur, le prêtre
    Au tombeau champêtre
    Courbent le genou ;
    Au lieu de l'insulte ,
    On lui rend un culte ,
      A Salaün le Fou.

En admirant la puissance divine ,
Les plus savants voulurent découvrir
D'où s'échappait la mystique racine ,
Et par leurs soins la tombe dut s'ouvrir.
    O Grandeur suprême !
    De la bouche même
    Sortait le beau lys !
    C'était encore elle
    Qui disait, fidèle ,
    Ces deux mots chéris...

    La simple innocence ,
    Mieux que la science ,
    Au Seigneur sourit ;
    Ce sont ses mystères !
    « Bienheureux , mes frères ,
    » Les pauvres d'esprit. »

Le B. Salaün était mort en 1350 , et « avoit esté inhumé

» sans croix ny eau bénîte, en terre profane, en ce
» mesme lieu, par ceux du voisiné, à ce qu'on tient :

> Trum, n'er c'hafjont quet à gren
> Da véa anterret é christen,
> Ag énô en douar ractal
> Er plantjont ével eur pen chatal.

« Tant y a que ce petit bocage fut dépositaire du corps
» de ce bienheureux mignon de la Princesse des cieux,
» ainsi que le rapporte dom Jean de Langoueznou, abbé
» de Landévénec, lequel avoit assisté au miracle et en
» avoit fait la relation : *Sy l'ay veu et ouy*, disait-il, *et*
» *sy l'ay mis par escrit en l'honneur de Dieu et de la*
» *benoiste Vierge Marie.* »

En mémoire de ce miracle, opéré par l'intercession de
la sainte Vierge, et pour en transmettre le souvenir à la
postérité par quelque monument plus durable que la
tradition, ou les écrits des hommes, on arrèta d'ériger
une chapelle en ce lieu à la gloire de la Mère des Anges,
et sous son nom et sous celui de son humble et fidèle
serviteur : on l'appella *Notre-Dame-du-Fou-du-Bois*, en
breton *Itroun-Varia-Fol-coat*.

Et voilà comment ce qui était folie aux yeux des hommes
est devenu sagesse aux yeux de Dieu, et comment Salaün
a été placé au rang des Saints : *Et nos insensati vitam*
istius putabamus insaniam et finem sinè honore : eccè
quomodò computatus est inter filios Dei et inter sanctos
sors illius. Sap. c. 5, ẁ. 4 et 5.

Cette chapelle fut fondée dans une clairière de la forêt,

sur le bord des ruisseaux , à l'entrée d'un marais ; nous l'y trouvons encore : *Eccè audivimus eam in Ephrata, invenimus eam in campis sylvæ.* Psalm. 131.

Elle fut fondée l'année même de la mort de Salaün , l'an 1350 , d'après un manuscrit de ce temps , la vie de sainte Nonne , en vers bretons , publiée par M. l'abbé Sionnet, en 1837. « Des faits inscrits sur le dernier feuillet » de ce manuscrit , dit l'auteur , paraissent être de mains » contemporaines ; le premier, mentionnant la fondation » du Folgoat , célèbre église du pays de Léon , porte la » date de *l'an mil troys cent cing uante* (sic).

Mais cette chapelle était encore dans les langes, en 1363 ; car , dans le testament d'Hervé VIII , vicomte de Léon , du 21 août de cette année , il n'en est fait aucune mention , tandis qu'il y est parlé de N.-D. de Creisquer à Saint-Paul-de-Léon , de N.-D. de la Martyre , de N.-D. de Pencran , de N.-D. de Plouédern , près Landerneau , de N.-D. de Trémaouézan , de N.-D. de Locmaria-Lann , presque à la porte du Folgoët (1) : et pourtant le Folgoët était dans le domaine de ce seigneur , comme une dépendance de la paroisse d'Ellestrec (2) , qui relevait en entier de la seigneurie ou principauté de Léon.

Aucune mention encore de cette chapelle , dit le P. Lobineau , aucune mention , disons-nous aussi., dans le testament du duc Jean IV , du 21 octobre 1385 (3). Et pourquoi ? parce que la chapelle n'existait point encore ,

(1) Dans D. Morice, Hist. de Bret., Pr.I, t. 1er, col. 1361—64.
(2) Premier nom de Guicquelleau, ancienne paroisse du Folgoët.
(3) *Ibid.*, t. 2, col. 496—98 : Testament bien prématuré, puisque, dix mois après, Jean IV épousait Jeanne de Navarre.

et n'avait pu être bâtie, à raison des guerres qui avaient agité le règne de ce prince, de 1350 à 1385 ; mais Jean IV les ayant appaisées à cette dernière époque, et surtout ayant épousé, le 11 septembre 1386, Jeanne de Navarre, cet ange de paix et de piété, il se décida à ériger ce monument.

« C'est maintenant, disait ce prince, c'est maintenant
» que l'Éternel, mon Dieu, m'a donné du repos de toutes
» parts, et que je n'ai point d'ennemis, ni de mauvaise
» rencontre ; voici que j'ai résolu de bâtir une maison à
» mon Dieu et à Marie, ma bienfaitrice. Et l'Éternel m'a
» dit : Ton fils, que je mettrai en ta place sur ton trône,
» ce sera lui qui achèvera et bénira cette maison en mon
» nom. »

Et voici que l'église a été bâtie par ces deux princes et leurs femmes, c'est-à-dire par Jean IV et Jeanne de Navarre, de 1386 à 1399, et par Jean V et Jeanne de France, de 1400 à 1418, ainsi que le prouvent les clefs de voûte du céleste portique, autrement dit le Porche des Apôtres, où sont gravées, d'une part, les armoiries : *Mi-parti de Bretagne et de Navarre* (1), et, de l'autre, celles : *Mi-parti de Bretagne et de France*.

Et l'église, ornée de ses fleurs, couronnée de ses étoiles, revêtue de sa robe d'or, de sa robe des fiancées, fut bénite et unie à son époux, en 1419 :

> *Et angelis coronata,*
> *Ut sponsata comite.*

---

(1) Armoiries de Navarre : De gueules, à la chaîne rangée selon toutes les partitions de l'écu et en double orle.

C'est ainsi que de la fleur merveilleuse et du lys d'or nàquit cette ravissante Chapelle , bouquet de roses mystiques , miraculeusement épanouies pour la Mère de Dieu sur un sol désert, qui n'aurait pas eu de végétation, si la foi de nos pères n'avait su lui en donner une au-dessus de toutes les autres.

Nouvelle Jérusalem, elle se souvient des cieux dont elle est descendue. Dieu en a inspiré les travaux et guidé les ouvriers : car « sy ne sont pas les conditions des artisans » de si petite estimation, que Dieu souvent dans l'Escriture » ne les ait favorisez de graces et excellences particulières, » comme il se void en la construction du Tabernacle, où » ayant faict eslection des artisans, il les avoit animez de » l'infusion de son esprit » : *Et eccè vocavi Beseleel de Tribu Juda et implevi eum spiritu Dei, sapientiâ et intelligentiâ in omni opere , ad excogitandum quidquid fabrefieri poterit. Deniquè , ei socium Ooliab de Tribu Dan, et in corde omnis eruditi posui sapientiam ut faciant cuncta quæ præcepi fieri.* « Je les ai remplis de » l'esprit de Dieu en industrie, en intelligence, en science » pour toute sorte d'ouvrages , pour inventer tout ce qu'on » peut faire dans la sculpture des pierres, et j'ai mis la sa- » gesse dans leur cœur, afin qu'ils fassent toutes les » choses que j'ai commandé de faire. » Exod., c. 31.

Et voilà que tout a été fait comme il avait été dit ; que des montagnes de pierres ont été sculptées, brodées, ciselées pour ce vaste et splendide monument ; que ce qui était pierre morte est devenu pierre vivante , sous le ciseau de l'ouvrier ; que la pensée de l'architecte divin s'est répandue,

comme un parfum, sur toutes ces œuvres, et que l'art
primitif, renaissant dans le style ogival (1), s'est rencontré
partout dans cette riche basilique, où l'on ne trouve point
de formes carrées, parce que les angles droits sont
d'invention humaine, et ne datent point de la création (2).

Nos froides lignes, nos éternelles moulures, notre
architecture, en un mot, paraît insignifiante comparée à
celle de nos pères. Ils mettaient, eux, de la poésie, du
sentiment jusques sur les linteaux de leurs portes, sur
les corniches tressaillantes de leurs salles, de leurs
chambres. Ne soyons donc plus surpris du grand nombre
d'hiéroglyphes qui, depuis le temps de Moïse, couvrent les
monuments d'Egypte.

L'œil ne pourra jamais assez apercevoir, ni la voix
suffisamment exprimer tout ce que cette église renferme
de beautés. Le peintre non plus, ni l'écrivain ne pourront
retracer ces œuvres merveilleuses, ces fleurs, ces fruits,
ces vignes, ces insectes, ces animaux, sculptés d'après
nature et si conformes à la nature elle-même... Et, dans
un autre ordre de l'art, comment apprécier ces œuvres
saintes, ces anges, ces chérubins, ces statues, ces figurines
si délicates, si gracieuses ? Comment saisir toutes ces
nuances, ces variétés, ces contrastes, ces perfections, ces
négligences de l'art, qui s'assoupit sur une partie et se
réveille sur l'autre ; qui se représente sous toutes les
formes, se joue, se modifie dans tous les sens, et semble,
dans ses colonnes, ses flèches, ses lancettes, si minces,

(1) Si improprement nommé gothique, puisque les Goths et les Vandales
n'ont rien construit, et qu'ils n'ont fait que détruire.
(2) Année de Marie, t. 2, p. 248.

et si légères, s'envoler vers le ciel, comme les Anges, comme le chant, comme l'encens...

Folgotina Domus, Duce Virgine, surgit ad astra!

Vues particulières du Monument. — Beautés extérieures. — Tours, portiques, etc.

—

Côté du Couchant.

Au couchant, se présentent les deux tours jumelles, surtout le grand clocher, orné de ses galeries, de ses clochetons, de sa flèche si belle, si élancée, si rayonnante au coucher du soleil! Admirable travail, que quelques artistes semblent préférer à celui de Creisquer, à Saint-Pol-de-Léon, sinon pour la hardiesse, du moins pour la variété et le fini des détails.

Quant à la seconde tour, sa base noble, imposante, tient au style général du monument; mais on l'a comme affublée d'un dôme de mauvais goût, rappelant, quoique assez grossièrement, l'époque de la Renaissance, où l'on mêlait le profane avec le sacré; où l'on avait tant de répugnance pour l'architecture ogivale, que toute pierre qui ne se rattachait pas à la religion païenne des quatre ordres de Vitruve, devait être méprisée, répudiée. Il fallait enfin à toute colonne, pour avoir quelque grâce, se traduire en colonne ionique, toscane, dorique, corinthienne, ou mêlée de l'un et l'autre genre, comme on le voit dans le dôme du

Folgoët. Du reste, cette seconde tour semble expier ici son péché, car on ne la remarque que de près, tandis qu'il a été donné à la première de publier au loin les grandeurs de Marie... Toutes fois que le voyageur aperçoit cette grande tour, il s'arrête et dit à ses compagnons : « C'est d'ici que » l'on voit Notre-Dame du Folgoët; faisons-lui notre » prière ; *Ave Maria !* »

Le portique de la principale Tour , celui par lequel on entre dans l'église , brille par mille petites œuvres fraîches et délicates , comme la feuille de chêne , ou celle de la vigne : « Porte brillante du ciel, *Fulgida cœli Porta!...* » Ce portique avait autrefois un dôme à jour et à dentelles , dans la forme d'un dais à deux branches ; œuvre délicieuse, que nous avons vue, et qui a péri en 1846... Mais là se trouve encore , gravée sur une belle pierre de Kersanton, la Nativité de Notre Seigneur , l'Adoration des Mages , l'Etoile de l'Orient et l'inscription : *Puer nat' est;* inscription empruntée à Isaïe, c. 9, ℣. 6 : « Et voilà que le » Verbe s'est fait chair , et qu'il habite en nous. Et voilà » la Porte sacrée par où la lumière est entrée dans le » monde : *Ex quâ mundo lux est orta...* » Là se trouvent également et l'inscription : *Joannes illustriss Dux Bri-tonum,* et la devise : *A ma vie!* enlacée , en très-petites gothiques, dans le rameau de la vigne entourant l'inscription; devise adoptée par le duc Jean IV , en 1382, et si heureusement placée par son fils dans cet endroit :

> Le Duc avoit en son port :
> *A ma vie,* je me fais fort (1).

(1) Vers de G. de Saint-André.

Côté du Midi.

Le portique du midi est l'un des plus beaux et des plus
brillants de l'église ; et cela devait être, puisqu'il était
appelé à recevoir toutes les clartés du soleil. Aussi le
nommait-on « la Porte étincelante du jour, la Porte du
» Roi des cieux ! »

Tu Regis alti janua
Et Porta lucis fulgida !

Il est orné partout de festons, de guirlandes, de pierres
polies comme les perles : *Nitent margaritis expoliti*
lapides. Que de vérité, que de vie dans tous ces détails,
dans ces feuilles, dans ces pampres et dans ces grappes !
Admirez ce petit rat tout éveillé, tout joyeux, tout friand,
s'élançant sur le raisin, ou sur quelque autre objet qui fait
sa convoitise !...

Le portique des Apôtres. C'est ici le chef-d'œuvre des
chefs-d'œuvre de notre église, le roi de ses portiques, *Re-*
gina Apostolorum. C'est ici que sont réunis tous les genres
de beautés. C'est ici que le pactole de l'art a semé ses
paillettes les plus précieuses. Les mots nous manquent
pour exprimer tant de magnificences. Que le voyageur les
examine lui-même ; qu'il énumère ces prodiges ; prodiges
anciens, sans doute, mais prodiges toujours nouveaux ;
prodiges qu'on a vus et revus cent fois, et qu'on revoit
encore avec un nouvel intérêt, tant sont grandes et durables
les œuvres du génie !

Que dire ensuite de ces arcades d'intérieur, de ces
guirlandes à larges feuilles de vigne, évidemment tracées

sur des feuilles naturelles, saisies dans leur printemps (1) ?
Que dire de ces niches des Apôtres avec leurs dais à jour,
d'un travail si varié, si délicat ? Que dire de ces statues
des Apôtres elles-mêmes, avec leurs longues figures, leurs
costumes antiques, leurs robes à plis ondulés, d'un caractère
si grave, si imposant ? Que dire de cette statue du Sauveur,
de cette tête adorable, si pleine de calme, de paix, de
douceur ! Ce sont des œuvres dignes d'un grand maître,
dignes d'un Michel-Ange.

Et ces deux vieillards à longues barbes, à l'entrée du
portique ; dont l'un, celui de droite, tient une légende,
portant cette inscription en caractères gothiques : $\overline{Vu}$:
coïer : $\overline{vut}$, c'est-à-dire : Vous coïer veulent en allusion à
l'histoire de Susanne et aux vieillards, dont le prophète
Daniel a dit : *Erant ambo vulnerati amore ejus... volentes
concumbere cum eâ...* Dan., c. 13, ℣. 10, 11, 20, etc.

Le vieillard qui tient la légende est celui que le prophète,
dans son juste courroux apostrophe ainsi : « Race de Chanaan, » *Semen Chanaan!...* ℣. 56.

Cette inscription à l'angle d'un portique, comme celui
du Folgoët, enrichi de vignes, de fleurs, de plantes, de
limaçons, d'insectes, rappelle exactement le portique et
le jardin de Susannne : *In angulo pommarii, in porticu*,
etc., *ibid.*, ℣. 38 *et passim*.

Côté du Levant.

Après ces beaux portiques, ces portes somptueuses, vient

---

(1) Les feuilles et les fleurs y ont les formes, les nervures et les contours
que leur reconnaît le botaniste. La nature ne réussit pas mieux dans ses
œuvres ; l'artiste semble l'avoir saisie sur le fait.

celle de l'Orient, *Porta orientalis*. Cette petite porte toute
simple et toute modeste, ménage un petit passage sous un
autel de l'église, où l'homme retiré et recueilli durant la
célébration des saints mystères, peut devenir, un instant,
comme la colonne et la table du sacrifice : *Columna sep-
templici, mensaque exornata.*

C'est encore dant cette partie du Levant que l'église apparaît et s'élève dans sa plus grande majesté vers les régions
de l'aurore. C'est d'ici qu'elle semble nous dire : « Je me
» suis élevée à une hauteur égale à celle des cèdres du
» Liban, à celle des cyprès de la montagne de Sion. Je me
» suis élevée comme les palmiers de Cadès et comme les
» rosiers de Jéricho. Je me suis élevée comme les peupliers
» sur le bord des ondes (1) ! »

C'est encore ici que se présentent de nouvelles merveilles :
ces grandes fenêtres de l'église, si riches et si fleuries,
« belles comme le soleil levant... » et cette magnifique
rosace, toute découpée en cerceaux, en cœurs, en trèfles,
en étoiles, « avec ses vitreaux peints, de toutes couleurs,
» avec sa robe d'or, sa toison de Gédéon, ses rayons de
» Samson ; bleue comme le ciel, rouge comme le buisson
» de vision. »

Et la fontaine, avec son arc, ses fleurons, ses ornements, l'image du Père-Eternel et la statue de Marie,
et la source limpide, sortant à la fois de la terre et de
l'autel, source de l'ancienne et de la nouvelle Loi, représentant en même temps, et la source d'Horeb et la

---

(1) Effectivement, l'Eglise repose ici sur un terrain marécageux. Elle y est
bâtie sur de forts pilotis, dont l'un est le chêne même de Salaün.

fontaine de Silhoé, c'est-à-dire la source de nature et la source de grâce ; et l'Eternel cédant sa puissance à Marie, et refoulant l'ancien temps, pour en faire un temps nouveau, comme l'exprime le Docteur angélique : « une » phase nouvelle vient abolir l'ancienne, et la lumière fait » disparaître la nuit :

Phase vetus terminat,
Vetustatem novitas,
Umbram fugat veritas,
Noctem lux eliminat.

Saint Bernard l'a dit aussi : « Voilà, s'écrie-t-il, voilà » la source de vie, source qui est sortie de la bouche du » Très-haut, et qui a rejailli du fond de vos entrailles, ô » Marie, pour rafraîchir la face du monde, et pour réjouir » la cité de Dieu ! Que de bien vous avez fait aux hommes, » en méritant de devenir ainsi le conduit d'une eau aussi » salutaire, aussi vivifiante : *Fons vitæ, qui ex ore* » *Altissimi prodiit, de medio ventris tui exilivit !...*

Côté du Nord.

L'église a été négligée, délaissée dans cette région des vents, dans cette vallée solitaire et sombre, où les arts semblent n'avoir pas voulu pénétrer... Aussi, y est-elle restée sans transept, comme une statue privée d'un bras, ou comme un aigle privé d'une aile ; monument boîteux, estropié :

Eglise un peu clochette (1),
Mais pourtant joliette !

(1) Boîteuse ; de clocher, boîter.

et se mêlant à tant d'autres merveilles, qu'elle doit s'appeler, avec elles, « le vaisseau spirituel, le vaisseau honorable, le vaisseau de dévotion :

Vas spirituale,
Vas honorabile,
Vas insigne devotionis !

Vues particulières du Monument. — Beautés intérieures.

—

Arcades des Tours et de la Nef.

Images de force et de grandeur !... Elles sont soutenues par des piliers énormes à angles saillants et rentrants, ménageant dans l'enceinte une foule de grottes, de passages et d'espaces, comme pour laisser Dieu et son peuple circuler ensemble et partout dans ce temple ; mais ces œuvres sont pesantes, et même si massives, qu'on dirait, en remontant à d'autres temps, qu'elles auraient été inventées par quelque architecte Druide, nouvellement converti au christianisme, et apportant à ce culte le lourd génie de ses forêts.

Jubé, Autels et Statues.

Le Jubé. Ce monument, le plus délicat de l'église, repose sur quatre colonnes légères, dont les fûts, sculptés de petites niches élégantes, soutiennent trois arcades enrichies de festons dans les cintres et surmontées d'ogives,

ornées de mille bouquets, du travail le plus exquis.
Derrière ces ogives, et faisant corps avec elles, règne une
galerie à étoiles, imitant parfaitement une dentelle à jour;
le tout parsemé de feuilles presque vivantes, d'insectes
divers, qui veulent courir ou s'élancer quelque part....
Quel naturel, quel vérité, quelle suavité dans toutes ces
œuvres ! Ce sont autant de fleurs, autant de roses, dit le
P. Cyrille :

Hoc decorant variis grata vireta´ rosis!

Les autels. — Nous passons sous silence celui des
fonts baptismaux et les deux petits autels qui figurent si
bien sous le Jubé ; nous nous arrêtons à ceux qui décorent
le haut du sanctuaire.

I. L'autel du Rosaire, l'ancien autel des Marhec,
seigneurs de Guicquelleau : guirlandes à larges feuilles de
vigne, douze ogives, petites niches simulées, d'un effet
gracieux.

II. Le Maître-Autel, si digne d'admiration : travail
unique, prodigieux, où chaque coup de ciseau a été une
expression, une pensée, un sentiment. Base élégante,
ogives délicieuses, entablement et frises inimitables,
au-dessus du burin, au-dessus du pinceau ; guirlande de
vigne de la plus grande beauté, feuilles grasses et fraîches,
nourries de sève et de rosée, pleines de mouvement,
pleines de vie; chaque feuille se détachant gracieusement
de la tige à moitié cachée dans l'ombre ; des oiseaux
frétillant dans ce feuillage, égrenant le raisin ; au milieu
d'eux, une hermine, avec sa bandelette et sa devise : *A*

ma vie !... (1) Le tout d'un dessin doux et soyeux ; formes grandes , sévères , majestueuses...

« Maintenant donc , dit le Seigneur, soyez les juges
» entre moi et ma vigne. Qu'ai-je dû faire de plus à ma
» vigne que je n'aie point fait ? Est-ce que je lui ai fait
» tort d'attendre qu'elle portât de bons raisins? *Nunc ergò judicate inter me et vineam meam. Quid est quod debui ultrà facere vineæ meæ, et non feci ei? An quod expectavi ut faceret uvas ?...* Isaï , c. 5 , ꙗ. 3 et 4.

III. L'autel des Anges. Egal mérite dans son genre que l'autel précédent, mais moins grave , moins limé , moins poli : frise de chardons d'une richesse incroyable ; figurines charmantes, pleines de goût , de simplicité , de naïveté ; quelques larmes s'échappent d'une tige fraîchement coupée.

IV. L'autel des Coëtivy , tracé d'une manière franche et sans apprêts : frise à peine dégrossie , mais base très-soignée , feuilles pendantes , ressemblant à de petites croix gravées sur des feuilles de chêne.

Jusqu'ici nous avons parlé des sept merveilles du Folgoët, qui sont le grand clocher, le portique des Apôtres, la rosace , le jubé et les trois premiers autels.

Que dire aussi des huit bénitiers de l'Eglise (2) et des arcades et des enfeux (3) si richement, si délicieusement ornés ?...

(1) Consultez Guy le Borgne, et il vous apprendra que la Sainte-Vierge affectionne singulièrement ce petit animal, et qu'apparaissant , un jour , au Grand Artus, elle lui avait sauvé la vie, en le couvrant d'un pan de son manteau , fourré d'hermines. Arm. bret.

(2) Chose qui ne se rencontre point ailleurs, il y a ici un bénitier à chaque autel.

(3) Ces enfeux étaient de simples décorations : car on n'a jamais inhumé dans cette église ; et les chanoines eux-mêmes avaient un enfeu particulier à N.-D. de Lesneven.

Et les grandes voûtes du chœur, s'appuyant sur leurs parois avec tant de légèreté, qu'on dirait qu'elles ne tiennent à rien, et que les anges tutélaires du temple en supportent seuls le fardeau.

Et les autres petites voûtes de la chapelle de Croix, dont les nervures, s'échappant de leurs corbeilles à jour, s'élancent comme des lianes vers le ciel de l'Eglise, où, séparées, un instant, dans leur course, elles viennent se rejoindre au sommet et s'y confondre dans quelques touffes de fleurs.

Près des autels sont placées les statues... Quoi qu'on ait pu dire, et que nous ayions malheureusement dit nous-même de la statuaire du Folgoët, il nous semble qu'elle y marche en harmonie avec le monument. Qu'aurait-on pensé, en effet, de cette Eglise et des artistes qui l'ont construite, si, au lieu de statues gothiques, ils y avaient placé des statues grecques ou romaines ? Tandis que celles que nous y voyons s'y marient parfaitement avec les niches qui les recèlent et les ornements qui les entourent.

I. Au haut du maître-autel, sont les statues de la Sainte-Vierge et de l'archange Gabriel, autrement dit l'Annonciation :

Angelus Domini
Salutis nuntiat
Nostræ mysterium.

II. Notre-Dame de Pitié, statue que l'artiste avait, dit-on, sculptée à genoux ; et qui lui avait fait souvent verser des larmes :

Quis posset non contristari

Piam Matrem contemplari
Dolentem cum filio ?

III. Notre-Dame de la Fontaine : figure délicieuse, traits délicats , bouche charmante , yeux de douceur , front calme ; tête pieusement penchée ; draperies d'un fini, d'un moelleux des plus rares. Tout nous dit que c'est la Mère aimable et la Mère admirable :

Mater amabilis ,
Mater admirabilis !

IV. Les Notre-Dame de Kersanton, l'une près du Maître-Autel et l'autre sur la Croix du Midi ; statues antiques , portant des couronnes royales, et tenant dans leurs bras l'Enfant-Jésus : draperies un peu lourdes , mais très-jolis détails ; têtes d'un beau sentiment , air religieux ; figures simples , calmes, douces , naïves.

V. Notre-Dame du Maître-Autel : statue en bois , assise dans un fauteuil, parée de tous les ornements des fiancées. C'est l'auguste patronne du Folgoët , donnée jadis à cette église par la maison du Poulpry, qui l'avait fait sculpter à l'imitation de celle de *la Santa Maria-Novella*, que Michel-Ange allait voir souvent, et dont il disait « qu'elle était belle, » pure et simple comme une fiancée ; » d'où lui était venu le nom, le doux nom de *la Sposa* :

Mater purissima ,
Mater castissima ,
Mater inviolata ,
Mater intemerata.

Cette statue , si vénérée dans le pays , représente Marie

tenant l'Enfant-Jésus sur ses genoux : *Ar mabic Jésus var hé barlen :*

Virgo veneranda,
Virgo prædicanda,
Virgo potens,
Virgo clemens,
Virgo fidelis!

VI. Sainte Catherine : statue ornée d'une couronne ducale et d'un manteau avec agraphe en diamants ; vraie parure d'une princesse, qui pourrait bien avoir été Catherine de Luxembourg, femme d'Artur III, duc de Bretagne, le grand connétable de France, l'immortel Richemont. Il est vrai qu'au bas du socle de cette statue sont deux petits écussons, qui n'appartiennent point aux Luxembourg ; mais en laissant ces écussons à Jean Droniou, qui s'en est cantonné, nous retiendrons le reste pour la duchesse et sa patronne.

Jean Droniou avait été trésorier-général de Bretagne. Plein de respect pour Catherine de Luxembourg, il avait commandé cette statue et choisi son modèle.

VII. Autre statue, dite l'anonyme, dans le fond de la chapelle de croix, à l'angle du levant au midi... de la même main que la Vierge de la fontaine... belles proportions, tête charmante, chevelure gracieuse, pose exquise, draperies simples, légères, onctueuses. Enfin, toute la beauté et l'extrême beauté de la statuaire qu'on appelle gothique.

VIII. Sainte Marguerite : admirable morceau de sculpture, où une Vierge faible et timide, mais armée de la foi, armée de la prière, retient sous ses pieds un énorme dragon, qui, saisi par une puissance qu'il ne comprend pas, veut à tout prix s'en affranchir, et s'épuise en efforts superflus. Il se retire d'abord sur lui-même, se resserre, se contracte, et puis il s'enfle et s'irrite, et semble refouler son venin ou son sang vers sa tête, qui se gonfle alors à vue d'œil, et forme la figure la plus horrible qu'on puisse imaginer. Voyez chacun de ses traits : cette queue nouée et tortillée, comme celle d'un lion en fureur ; cette crinière hérissée, ces ailes ouvertes, ces oreilles applaties, cette tête immense ; ces jambes accroupies, ces griffes rampantes, ces yeux saillants, étincelants, ce front semé de rides, retombant pesamment sur le museau, et sillonnant, en cet endroit, une entaille profonde et hideuse : et tout le monstre s'affaissant sous le poids, et pouvant à peine ouvrir la gueule pour respirer. Il l'ouvre cependant, et laisse apercevoir seize défenses irritées, furieuses, menaçantes, comme celles du tigre ou de l'hyène... Quel tableau ! Que de paix, de douceur et d'humilité d'une part ; et, de l'autre, que de rage, d'orgueil et d'humiliation !.... *Procumbit humi bos !*....

IX. Statue du duc Jean V, avec son armure défensive, sa couronne ducale, son manteau à fleurs de lys sans nombre, un sceptre dans une main, et dans l'autre un livre de fondateur... un livre de fondateur, parce qu'il avait continué le temple commencé par son père, et fondé la belle collégiale du Folgoët ; et le manteau semé de fleurs de lys, au lieu d'hermines, « en mémoire de ceste » fleur miraculeuse, de ce beau lys musqué et fleurissant

» trouvé en la bouche du pauvre Salaün aprez sa mort... »
D'autres ont cru voir dans cette statue celle du duc Jean
IV ; mais d'abord la figure de la statue ne ressemble
point à celles que nous avons de ce prince, et puis le duc
Jean IV avait été l'ennemi trop déclaré de la France pour
avoir jamais eu l'idée d'en adopter les couleurs : il aurait
plus volontiers admis celles de la fière Albion, car il était
anglais dans l'âme, dit l'historien Froissart. Enfin, cette
statue de Jean V est d'autant plus précieuse, qu'elle est
la seule qui nous reste de ce prince, son tombeau
ayant été brisé dans la cathédrale de Tréguier, en 1794,
et les Bénédictins ne nous en ayant laissé aucune gravure.

X. Statue du cardinal de Coëtivy, représenté dans
l'accomplissement d'an pélerinage à Notre-Dame du
Folgoët. Il est agenouillé sur un coussin orné de ses glands,
la tête découverte, les mains jointes, et serrant du bras
gauche son bâton de pélerin. Son chapeau à cinq houppes
est renversé sur ses épaules. Derrière la statue est un
évêque debout, relevant, d'une main, le manteau du
cardinal, et de l'autre, tenant sa crosse d'archevêque
d'Avignon (1). Le sculpteur y a parfaitement saisi toutes
les poses et les nuances appropriées au sujet; expression
de figure, ondulations de robe, plis du chapeau, négli-
gence, velouté du costume.

XI. Statue d'Alain de la Rue, évêque de Léon, représenté aussi dans ses vêtements épiscopaux, et portant un
livre de consécrateur et une aumônière de pélerin.

(1) Nous possédons une lettre autographe de Coëtivy, finissant par ces
mots : « Le tout v^re f^re le cardinal davignon. »

XII. Statue des deux jumelles, nées ainsi dos à dos , et n'ayant eu , à bien dire , qu'un corps et qu'une âme , ornés de toutes les grâces et de toutes les vertus. La tradition rapporte qu'elles avaient passé leur vie dans l'emploi modeste de couturières , et qu'elles l'avaient terminée, le même jour, par la mort la plus sainte.

Nous omettons quelques autres statues, telles qu'une seconde sainte Marguerite et un saint Jean-Baptiste, dont la tête est assez bonne, mais dont le corps est trop court, n'ayant que la longueur de quatre têtes , lorsque l'antique en exige huit pour toute statue.

Armoiries générales du Folgoët.

On aurait pu , dit-on , faire un cours de blason ou d'histoire héraldique, en parcourant ce monument. En effet , plusieurs noms s'y trouvaient illustrés , soit par des écussons simples , soit par des écussons en alliance. Voici ces noms :

Acigné , Baillif , Beaumanoir , Bourlevesque , Bretagne , Carman , Carné , Châteaubriand , Châtel , Chauvigné , Coëtivy , Coëtjunval , Coëtmen , Coëtménec'h , Coëtquis , Crozon.— Dinan. — Eder. — Ferron , France.— Goulaine , Gouzillon , Guengat. — Halgoët. — Juch. — Keranguen , Kercoënt, Kergoal, Kergoff, Kergournadec'h, Kernaou, Ker-rom.—La Chapelle, La Forêt, Lanuzouarn, La Rue, Laval, Léon , Lescoët , Leslem , Lesquélen , Longueil , Louet , Luxembourg. — Maillé , Marhec , Mesléan , Mesnaot, Molac. — Navarre, Neufville , Névet , Nuz , Ny. — Ouëssant. — Penhoët, Penmarc'h, Perrier, Ploeuc,

Pont, Poulmic, Poulpry, Prigent. — Quélen, Quintin.
— Rieux, Rivoalen, Rochefort, Rohan, Rosmadec,
Rostrenen. — Saint-Mélaine, Sourdis. — Tymeur,
Tyvarlen, etc... Enfin, tout le cannevas d'un armorial
ou d'une petite biographie nobiliaire.

Armoiries gravées sur pierre.

Elles étaient en très-grand nombre dans l'église, puisqu'elles se composaient de tous les noms que nous venons
de citer. Les tours, les chapelles, les portes, les fenêtres,
les contre-forts, les arcs-boutants, toutes les faces de la
basilique en étaient richement ornées. C'est même là que
l'artiste, guidé par le génie de la reconnaissance, avait
déployé, à la mémoire des anciens bienfaiteurs, un talent
presque égal à celui qu'inspire la religion. On peut suivre
encore ces armoiries à la trace, bien que faible, qu'en a
laissée le vandalisme. Nous nous bornerons à dire un mot
de quelques écussons.

On remarquait, 1° sur la façade entre les deux tours,
l'écusson de Bretagne, en supériorité; et plus bas, les
écussons de Philippe de Coëtquis, de Jean Prigent, d'Antoine de Longueil et de Jean de Carman, évêques de Léon,
de 1421 à 1514 ; 2° sur d'autres parties de l'église, les
armoiries de Guillaume Ferron (1) et de Christophe de
Chauvigné, autres évêques du même diocèse, le premier,
de 1439 à 1472, et le second, de 1524 à 1554 (2) : les armoiries de Bertrand de Rosmadec, évêque de Quimper, de

---

(1) « Aux parois de l'Eglise, » dit le P. Cyrille.
(2) « En bosse sur le pignon de la chapelle du marquisat de Kermaon
(Carman), aux guerites. » Le même.

1416 à 1445, et celles de Christophe de Penmarc'h, évêque de Saint-Brieuc, de 1471 à 1505. Chacun de ces prélats avait, en outre, sa statue sur divers points du monument. Quelle perte pour la religion et pour l'histoire que la destruction de ces figures vénérables !

Armoiries peintes sur verre.

Ces armoiries étaient celles de Bretagne, de Léon, de Rohan, de Penhoët et du Châtel, au Maître-Autel; celles des Marhec, avec leurs alliances, à l'autel du Rosaire; celles du Châtel, de Coëtivy et de Carman, à leurs fenêtres respectives; celles de Coëtjunval, de Mesléan, de Kergoff (1) et de Kerno, aux différentes croisées du midi; celles de la maison du Poulpry, dans la fenêtre du couchant, près des orgues; celles de Penmarc'h, dans les croisées du nord, ainsi qu'à la haute fenêtre du chœur, où elles figurent encore fraîches et brillantes, malgré le temps et les révolutions : *De gueules, à une tête de cheval d'argent, bridée d'or, le cou et le crin d'argent : hœc sunt illa gentilitia Hypocephali* (2), *antiquissimi vexillarii, insignia :* EQUINA CERVIX ARGENTÆA.

Armoiries historiées sur verre.

Ces vitraux coloriés, pages transparentes, où l'on pouvait lire de petites histoires du pays, étaient au nombre de cinq dans cette église; savoir :

(1) C'étaient les armoiries de Guillaume du Châtel, seigneur de Kergoff, fondateur des chanoines de Lesneven, en 1477.
(2) Traduction græco-latine du nom breton de Penmarc'h, qui signifie en français : tête de cheval. Les Penmarc'h étaient d'anciens bannerets de Bretagne, reconnus par la duchesse Anne, dans ses lettres-patentes du 12 décembre 1498. Elle les appelait « mes cousins. »

1° A la grande Rosace , les armoiries des du Châtel ,
avec les portraits de Tanguy du Châtel et de Marie du Juch,
sa femme, lesquels vivaient en 1510. Tanguy y était représenté à cheval , armé de toutes pièces , et Marie s'y
tenait à genoux auprès de son mari : l'époux avait évité la
mort dans quelque grand combat.

2° Les mêmes , dans la vitre portant leur nom ; tous
deux agenouillés, et promettant de fonder, comme ils
l'ont fait depuis, le couvent de N.-D. des Anges en Landéda;
église et maison bâties par eux, en 1507 , pour les Pères
Cordeliers , devenus Recolets, en 1583 (1).

3° Les armoiries des Coëtivy (2), à la dernière fenêtre
du Levant. Là se trouve un magnifique tableau de la
Résurrection , peint sur verre par Alain Cap. Le Sauveur
y est représenté mourant pour nous sur la croix et res-
suscitant d'entre les morts. Ensuite, un vieillard à longue
barbe , annonce que le temps passe et même qu'il est
passé : *Tempus præterit!* Puis , un page , du haut d'une
tour , a déployé sa bannière, sur laquelle on ne lit qu'un
mot , mais quel mot! Le mot breton de *Peppret* , rappelant
le toujours, ou le sans cesse de l'Eternité. « Toujours ,
jamais! Jamais, toujours! » Or , c'était la devise des
anciens Coëtivy.... et les morts; les morts de sortir en
foule de leurs tombeaux , et d'implorer la miséricorde de
Dieu, en élevant vers le ciel mille voix suppliantes :
« Seigneur , Seigneur! Je remets mon âme entre vos

---

(1) Véritable académie théologique ! Nous possédons quelques thèses im-
primées, soutenues dans ce couvent; l'une, entre autres, en 1720, sur l'Im-
maculée Conception.

(2) Famille alliée deux fois à la Maison de France.

mains : *in manus tuas, Domine, in manus tuas !....* Au sein de cette effroyable assemblée, apparaît une femme, couverte d'un linceul ; elle fut belle dans son temps ; c'était une Coëtivy ; le peintre nous l'apprend : « Dame Jehanne de Coëtivy, » sœur du cardinal de ce nom. Et le cardinal de se relever lui-même de sa tombe, et l'assemblée de le proclamer d'une voix « l'homme pur et sans tache : *integer vir !...* » Enfin, enfin, un ange sonne de la trompette, appelle tous ces morts au dernier jugement ; le ciel s'ouvre étincelant d'étoiles, le grand Juge est assis, et le jugement commence...

4° Dans l'ancienne Rosace du midi, figuraient les portraits de Maurice de Carman et de Jeanne de Goulaine, sa femme, représentés à genoux, en prières, et entourés de leurs alliances avec les Luxembourg, les Rohan, les du Châtel, voire même les du Guengat, dont les armoiries étaient trois mains appaumées ; mains célèbres ! *Tàm notœ, tàm notœ,* dit un auteur, *ut, quandò quis minatur alapam, illud communiter dicat :* « Je vous donneray des armoiries de Guengat ! » Maurice et Jeanne vivaient en 1590.

5° Dans la seconde fenêtre du midi, voisine de la voûte sombre, étaient les portraits d'Alain du Louet et de Claude de Carné, sa femme, décédés, l'un en 1569, et l'autre en 1572 : « Qu'ils reposent en paix ! »

Éloges de l'Église.

1422. « Noble chapelle, s'écrie le duc Jean V, noble » chapelle, moult vertueuse et renommée, où, par l'inter-

» cession de la benoiste Vierge Marye, nostre Seigneur
» faict de moult belles vertuz à ceulx quy la réclament...
» 1443. « Noble église, répète le duc François 1er...
» 1479. « Glorieuse chapelle, dit le mémoire pour le
» vicomte de Léon (1)...

1485. « Bienheureuse chapelle par les miracles qui en
» découlent... Source de grâces et de miséricordes !...
» Temple sainct où la Royne des Anges a tant pour
» agreable d'estre priée et invoquée !... » Oratoire royal
» de la douce Mere des Chrestiens, dit le P. Cyrille, Sacré
» pourpris, Eglise venerable, Venerable Oratoire, Maison
» saincte, Maison sacrée de la Reine des Cieux ; Palais
» enchanté de la Vierge des Vierges ; Temple sainct,
» Temple sacré de la divine Mere de Jesus ! — Palais de
» Menelaüs, second Temple d'Ephèse, s'écrie le même
» Père ; Temple de Salomon, dit Michel Le Nobletz...
» Admirez et louez !... »

Tous ces passages expriment parfaitement la sainteté du
monument ; mais ils ne disent pas assez ses splendeurs, ses
prodiges sous le rapport des arts. C'est qu'on ne les avait
pas compris, avant ces derniers temps : car, « depuis près
» de trois siècles, dit M. de Montalembert, la France
» s'était condamnée à les ignorer. Pendant le grand siècle,
» pas un poète, pas un prosateur, pas un prêtre même, ne
» leur avait consacré le moindre hommage ; et les esprits
» les plus cultivés, tels que Fénélon ou Fleury, n'en par-

---

(1) On disait le comte, en parlant des évêques, et le vicomte, en parlant
des seigneurs, ou princes de Léon.

» laient qu'avec dédain (1). Il était réservé à notre époque
» de réhabiliter vingt générations d'artistes, créateurs in-
» connus et sublimes de nos cathédrales, de nos cloîtres
» démolis, de nos châteaux en ruines et des innombra-
» bles trésors de peinture et de sculpture qui ornaient la
» vie de nos aïeux et dotaient l'Europe du moyen-âge d'un
» art dont la féconde originalité n'avait rien à emprunter
» ni à envier au Paganisme. »

Aussi, tous les auteurs appellent-ils maintenant notre
chapelle « la ravissante, la splendide, la sublime, la
» magnifique, la mystérieuse, l'incompréhensible; le
» monument aérien, le monument ailé, la merveille de
» l'art chrétien; la légende, la poésie de pierre, le Musée
» en plein air, la joie de tous les yeux, la gloire et
» l'orgueil de la Bretagne, etc. (2)... » Nous y ajouterons
la paraphrase des livres saints, comme nous l'avons
démontré.

Le Folgoët, ville. — Lesneven. — Occismor. — Tolente.

Tant d'avantages avaient mérité au Folgoët le beau titre
de ville, et même de ville de Marie, *Urbs Mariana, urbs
beatæ Mariæ Folgotinæ.* On lui trouve assez souvent cette
dénomination sur les anciens registres de Ploudaniel et

(1) Un voyageur de cette époque, s'arrêtant, un jour, devant N.-D. de
Reims, s'écriait : « C'est beau, mais c'est gothique ! » Tout était dit, quand
on avait prononcé cet anathème : « Gothique ! » On n'avait de respect et
d'amour que pour le grec et le romain ; architectures qui s'affaissent sur la
terre, tandis que le gothique s'envole vers les cieux.
(2) « Il règne dans ces ruines mêmes, dit le nouvel Ogée, une telle harmonie, une telle poésie, que quiconque a vu le Folgoët ne peut l'oublier. »
T. 1er, p. 481.

d'Ellestrec : entre autres, au 2 juin 1644, dans un acte de baptême, où sont écrits ces mots : *Joannes, filius Rollandi Perrot* (1) *et Margaritæ du Drezit, conjugum, in urbe Marianâ Folgotensi vitam degentium.*

D'autres ont dit que le Folgoët n'avait jamais été ville, mais seulement le faubourg de la ville, *suburbium urbis*, en sous-entendant Lesneven, qui, semblable à Rome en cet endroit, n'avait pas eu besoin d'être nommé pour être suffisamment connu.

Effectivement, disait l'avocat Le Bihan en 1680, « cette » ville, avec sa cour ducale ou royale, selon les diffé- » rents temps, a été sans cesse un foyer des plus vives » lumières, d'où le soleil de justice a répandu ses rayons » bienfaisants sur ces belles contrées. »

D'après un ancien adage aussi, Lesneven a toujours été le soleil de Léon, et Landerneau sa lune :

> Héaul Lesnévenn éat adré,
> Hé sao loar à Landerné (2)!

Mais c'était autrefois !.... chose étrange pourtant ! Un petit saint, qu'on voit encore à l'hospice de cette dernière ville, porte une lanterne, comme pour dire qu'il est de Lanterné, nom breton de ladite ville. Or, ce saint est Saint-Arnoc, qui éclaira jadis cette petite région du flambeau de la foi, et y bâtit un monastère, ou une église, appelée de son nom Land-Arnoc (3), nom qui a été la source de celui de Landarno, Landerneau.

---

(1) C'est de lui que l'auberge de l'Écu de France, au Folgoët, avait emprunté le nom de Tinelle du Perrot, ou des Perrières.
(2) Landerneau relevait anciennement, par appel, de la cour de Lesneven.
(3) Ecclesia, seu capella sancti Arnoci. D. Mor., Pr., t. 3, col. 597.

L'église du Folgoët, si voisine de Lesneven, n'est pas éloignée non plus des anciennes villes d'Occismor et de Tolente, dont nous voulons dire quelques mots en passant.

La première est à une lieue et demie Est de la sainte chapelle. Elle était traversée jadis, comme elle l'est encore aujourd'hui, par la belle voie romaine conduisant de Vorganium à Cezocribate, c'est-à-dire de Carhaix au Fort-Cezon. Cette route, dans tout son parcours, porte le nom d'Hent Gallec, ou de chemin de Gaule.

Voyez sur la carte de Cassini, n° 170, l'espace compris entre Kergroaz, Kerporssiou et Kerylien, commune de Plounéventer.

Là même se trouvait l'ancienne ville.

Nous l'avons découverte en 1829; nous lui avons donné le doux nom d'Occismor (1), parce que la tradition l'a toujours nommée ainsi, et qu'une nuée de témoins était venue nous l'apprendre (2). « Croyez-y donc, nos Frères, » et conservez cette tradition : » *itaque, fratres, state, et tenete traditionem.* S. Paul. Ad. Thess., c. 2, ꙩ. 14.

La ville d'Occismor avait été, dans l'origine, l'une des principales cités des Celtes-Armoriques, portant, suivant l'usage, le même nom que le peuple qui l'avait habitée, c'est-à-dire que la ville et le peuple, ou le peuple et la ville s'étaient appelés *Ossismii. Ossismii,* disent César, Strabon et Mela, en parlant de ce peuple : *Ossismii,* dit la notice de l'empire romain, en parlant de cette ville :

---

(1) Ce nom semble désigner, en celtique, la mer occidentale, *occis-mor.*

(2) M. le marquis de Lescoët, si versé dans les traditions léonaises, assurait également que la paroisse de Plounéventer conservait les cendres de cette grande ville.

Præfectus militum Maurorum (1) *Ossismiacorum Ossismiis... Præfectus Maurorum*, ajoute Pancirole, *degebat
Ossismiis, id erat Galliæ oppidum.*

Voilà le nom; voyons la chose.

Après la conquête de la Gaule par César, 58 ans avant
J.-C.,cette cité gauloise était devenue une ville de l'Empire
Romain, obéissant à ses lois, soumise à sa puissance.
Eloignée de Rome, et presque oübliée par la Mère-Patrie
dans les forêts de l'Armorique, elle avait joui d'une paix
profonde.... Avait-on été persécuté, avait-on été malheureux ailleurs; avait-on éprouvé quelque grand désastre,
la perte d'une bataille, la perte d'une couronne : avait-on
seulement souffert un chagrin domestique, la perte d'un
fils, d'une épouse, ou tout autre douleur, soudain on
s'était retiré dans cette chère Armorique; on y était venu
se reposer, s'y consoler : *Ad ea loca*, dit la légende de
Saint-Herbot, *ad ea loca mæroribus amica, in Armori-
cam transvolat* (2). En un mot, l'Armorique avait été
donnée à ces temps comme un contre-poids au malheur,
comme un asyle à toutes les infortunes. Elle avait été
l'amie, la·consolatrice des affligés. Dumnacus, Généra-
lissime des Andes, en avait ouvert la voie, lorsque, vaincu,
errant et fugitif, il y était accouru pour y cacher sa défaite :
*Dumnacus, suis finibus expulsus, errans, latitansque,
solus, extremas illas Galliæ regiones petere coactus est* (3).

Que de familles illustres y avaient trouvé, depuis, une

(1) Ces Maures étaient des troupes africaines que les Romains avaient dis-
séminées dans les provinces conquises.
(2) Bolland., t. 6 junii, p. 202.
(3) Cæsar, lib. 8.

terre hospitalière, une terre de charité, lors des persécutions suscitées par les Empereurs contre les chrétiens.
Ces derniers étaient venus honorer et bénir notre ville
d'Occismor. Ils y avaient apporté, avec les arts et les
sciences, les pures lumières de l'Evangile, la vie du
Rédempteur, les actes des Martyrs, les insignes de la Foi,
les sacrifices de la Nouvelle Alliance; cette terre était
devenue une seconde Palestine, et sa ville une nouvelle
Jérusalem.

Dans le temps où l'Empire s'était affaissé sous son
propre poids, et s'était vu démembrer, chaque jour, par une
foule de tyrans subalternes, sous Valérien et Gallien, la
Gaule avait aussi choisi ses rois; Occismor avait élu les
siens, suivant la tradition. Le dernier, nommé Constance (1), avait laissé une fille, appelée Thérèse, jeune
princesse douée des plus rares qualités, et qui avait paru
vouloir suivre l'exemple de sainte Hélène, mère de l'empereur Constantin, née dans la Grande-Bretagne, comme
Thérèse était née dans la Petite. Les Occismes avaient
vécu heureux sous le gouvernement de leur reine; mais un
événement sinistre était venu bientôt changer en jours de
deuil ces jours de félicité. Julien l'Apostat s'était assis sur
le trône des Césars, au mois de mars ou d'avril 361. Ayant
juré une haine implacable aux adorateurs du Christ, il
avait renouvelé, dans tout l'Empire, les anciennes persécutions de ses prédécesseurs. Le sang avait coulé de toutes
parts dans les provinces; aucune n'en avait été préservée.
On s'était souvenu surtout qu'il existait, au fond de l'Ar-

(1) Un endroit de Kerylien porte toujours ce joli nom de Constance.

morique, une ville sainte, la reine des cités dans l'ordre de la foi ; on y avait dirigé des troupes ; Thérèse les avait combattues avec valeur ; mais ayant perdu une première bataille dans les landes de Saint-Servais, elle s'était repliée sur celles du Renable, dans la terre de Rivouaré, où, vaincue de nouveau, elle et son peuple avaient scellé de leur sang leur attachement à Jésus-Christ, comme l'avaient fait déjà les martyrs de Scillicite, de Sébaste et d'Adiabène. On porte à 7,847 le nombre des confesseurs Occismes qui reposent dans le cimetière des Saints, à Lanrivouaré, où une confrérie, établie en leur honneur, a été approuvée par le pape Alexandre VII, en 1664... *Sapientiam ipsorum narrent populi, et laudes eorum nuntiet Ecclesia !* « Que les peuples publient leur sagesse, et que l'Eglise chante leurs louanges ! » Eccle., c. 44, v. 15.

Le sang de ces martyrs avait répandu de nouvelles bénédictions sur l'ancienne ville : on y vit bientôt se former un évêché, dont les prélats portèrent le nom d'évêques Occismiens, *Episcopi Occismorenses* : «Ainsy appellez, dit le P. » du Pas, d'une ville nommée Cismor, laquelle ayant esté » ruynée par les Normans, les Evesques, du depuis, ont » tenu leur siége episcopal à sainct Paul de Léon. » Au rang de ces évêques, nous devons compter Léthalde, qui, le 10 juillet 511, avait figuré au premier concile d'Orléans, dont il a ainsi signé les actes : *Lethaldus episcopus Oxismiensis* (1).

(1) C'est le premier évêque qui nous soit connu en Léon ; car S. Paul-Aurélien n'a commencé à sieger à Castel (c'est ainsi qu'on nomme sa ville) qu'en l'an de grâce 553 ; date certaine, que nous tirons des Actes de Bollandus, où il est dit que Childebert était alors roi, et même empereur des Fran-

Enfin, parmi nos antiquités d'Occismor (1), nous avons quelques fragments de vases représentant des mîtres d'évêques ; puis des médailles donnant la suite des empereurs qui ont régné sur cette ville, tels qu'Auguste, mort en l'an 14 de J.-C. ; Tibère, en l'an 37 ; Néron, en l'an 68 ; Vitellius, en 69 ; Titus, en 81 ; Domitien, en 96 ; Trajan, en 117 ; Adrien, en 138 ; Antonin-le-Pieux, en 161 ; Lucius Verus, en 169 ; Marc-Aurèle, en 170 ; Alexandre-Sévère, en 235 ; Gordien, en 237 ; Gallien, en 267 ; Claude II, en 270 ; Honorius, en l'an 395. Quatre ans après, les Armoriques chassaient tous les Romains (2).

Occismor ! Occismor ! c'est donc toi reine détrônée, reine solitaire !

Parlons aussi de Tolente.

Cette ancienne ville est à trois quarts de lieue Ouest du Folgoët, et à trois lieues moins un quart Est d'Occismor. Voyez la carte de Cassini, n° 170.

On a placé jusqu'ici cette ville au-delà de Plouguerneau : on l'y a dite submergée, pour en faire perdre la trace et cacher dans les ondes cette antique splendeur que les légendes se plaisent à lui donner, et que peut-être elle n'avait point ; mais nous savons aujourd'hui qu'elle a existé jadis bien en-deçà de Plouguerneau, dans cette partie de l'ancien désert de Kertulant, qu'on nomme Keradennec, et qui se trouve située maintenant entre le manoir et l'étang

---

çais. Or, ce prince n'avait pu mériter ces titres qu'après la mort de Clodomir et celle de Théodebalde, ses co-souverains, c'est-à-dire en 553, qui avait été aussi le moment précis où le pape Pélage Ier, le considérant comme le maître suprême de l'empire français, lui avait adressé sa profession de foi.

(1) Au nombre de 600.

(2) Zozime, lib. 6. anno 409.

de Penmarc'h, en Saint-Frégan, presque en face de l'église de Guicquelleau, non loin de celle du Folgoët, ainsi que nous l'avons dit, et moins éloignée encore de l'ancienne voie romaine, menant de Carhaix au Fort-Cézon, ou, dans un rayon plus rétréci, de Landivisiau à Plouguerneau, en traversant Occismor, Saint-Méen, le Folgoët, Penmarc'h, etc.

Le village de Kertulant, qu'on prononce aussi Kerzulant, a conservé le nom de l'antique cité. En effet, Ker-Tulant signifie Ville de Tulant, Tulante, ou Zulante; *Villa Tulantis.* disent les anciens registres de Kernilis; noms que l'historien Bouchart a convertis en Tulanche, et le légendaire Albert en Tolente. Tolente, Tulante et Tulanche se ressemblent trop bien pour laisser le moindre doute sur leur identité.

« Ville très-belle, ville très-riche, ville puissante, ville » opulente, » ajoutent ces auteurs; et non pas sans raison : car on lui reconnaît des empereurs et des rois.

Des empereurs ! 1° dans l'empereur Claude Ier, surnommé le Britannien, parce qu'il avait été chez les Bretons de l'île, et qu'il était venu chez nous, dans sa ville de Tolente, comme le prouve une inscription qu'il a laissée sur les lieux, et qui est ainsi conçue : LAVD VSI FILI ESAR AVG ERMANIC FE MS ICIA PATE GNATS IV, c'est-à-dire : *Claudius Drusi filius Caesar Augustus Germanicus Pontifex Maximus Tribunicia Potestate designatus quartùm.* Cette inscription date de l'an 43 de J.-C. (1)... 2° dans

(1) Elle est gravée sur une colonne cylindrique, haute de 5 pieds, qu'on rencontre sur le bord de la voie romaine, au-delà de Penmarc'h. V. notre Albert, p. 32.

l'empereur Septime-Sévère, qui dut passer par Tolente pour
se rendre dans l'île de Bretagne, où l'on sait qu'il a fait
bâtir, en 210, le grand mur, qui porte encore son nom ;
3° dans les empereurs Gallien, Posthume, Victorin, Valens,
Emilien, Trébellien, Tetricus et Claude II, qui ont porté le
sceptre, de 253 à 270, et qui ont semé nos champs de
leurs médailles. Nous en possédons un grand nombre, 500
au moins (1).

Des rois ! Tels que Jugonus et Jubaltus, le père et le
fils (2), dont les sujets étaient Celtes et païens : *Populum
Gallorum tunc paganum qui ibi erat* (3) :

> Où il y avoit un peuple fort rusticque,
> Trestous estoit de la loy païennicque.

Jubaltus ou Imbaltus fut un prince belliqueux : il avait
arrêté l'empereur Maxime, à son passage en Armorique, en
383 ; mais il avait été vaincu dans une bataille sanglante,
et y avait péri avec toute son armée :

> Car les Angloys si fort frapperent sus,
> Qu'ilz misrent roy et peuple rus et jus.

*Ceciderat namquè Imbaltus cum quindecim millibus
armatorum qui ex omni regno illo convenerant.*

Longtemps après ces souverains, avait régné aussi dans
Tolente le saint roi Judicaël (4), du chef de la reine Morone,
sa femme. Il avait aimé cette ville, et n'avait pu se résoudre
à la quitter, que lorsque la mort de Salomon II était venue

---

(1) Pas de canton en Bretagne où l'on découvre autant de médailles romaines qu'en Léon.
(2) Albert, vie de S. Riok, p. 31 de notre édit.
(3) D. Mor., t. 1er, col. 9.
(4) Bouchart, folio 57 recto, édit. in-folio, folio 56 verso ; édit. in-4°.

lui offrir, en échange de ses petits Etats Tolentins, le trône brillant de la Domnonée (1), avec la belle ville de Gaël pour capitale. Judicaël avait fini ses jours l'an 658, laissant plusieurs fils, nés à Tolente, dignes en tout de leur père, et bien dignes de louanges : *Qui ex illo nati sunt reliquerunt nomen narrandi laudes eorum.* Eccle., c. 44, ꙗ. 8.

Suivant le P. Albert de Morlaix et le P. Apollinaire de Brest, notre grande ville aurait été réduite en cendres, avec celle d'Occismor (2), au printemps de l'année 875. Ces deux villes, ces deux sœurs, ayant vécu de la même vie, avaient dû mourir de la même mort, toutes deux martyres et toutes deux dans les flammes... Tolente disparut, et la terre qui l'avait portée se couvrit aussitôt des plantes du désert, des plantes les plus communes, qui lui firent donner le nom de ville de Fougère, en breton Ker-radennec ; « Ville de Fougère, c'est-à-dire ville de rien, car la fougère est petite chose. »

Ainsi Tolente a péri !...

« N'est-ce pas là cette ville que vous vantiez avec tant
» de complaisance ; qui se glorifiait de son antiquité de-
» puis tant de siècles ? Eh bien ! ses enfants sont allés à
» pied chez les autres nations , et il n'en est resté aucun.
» Et pourtant il reste quelques olives sur un arbre, après
» qu'on l'a dépouillé de tous ses fruits, et quelques raisins
» sur le cep, après qu'on a fait la vendange. Eh bien ! au-
» cun habitant n'est demeuré dans la ville ! Et la ville ne

---

(1) Cette région, d'après le P. Placide le Duc, comprenait un quart de la Bretagne.

(2) Tout le fond de cette ville est un mélange de terre et de cendres, ressemblant, pour la couleur, à notre noir-animal.

» sera plus rebâtie ; elle ne sera habitée dans aucun temps.
» Les Arabes n'y dresseront plus leurs tentes ; les pasteurs
» ne viendront plus s'y reposer !... Le bruit des clairons
» y a cessé ; les cris de réjouissances ne s'y entendent
» plus ; la harpe y a fait taire ses accords, si doux, si
» agréables aux hommes ! et les hommes n'y boiront plus
» le vin au milieu des chants et des plaisirs.... La cité est
» détruite ; ce n'est plus qu'une solitude » : *Attrita est
civitas... Relicta est in urbe solitudo...* Isaï, c. 13,
23, 24.

C'est en 1833 que nous avons découvert l'emplacement
de cette grande ville (1) , et, depuis, on y a fait des
fouilles... La charrue y soulève, chaque jour (2), des amas
de débris de briques, de ciment, divers objets d'antiquités.
On y a trouvé, entre autres, des bagues, des médailles, des
vases, une belle urne en verre, portant le mot de *Divixtim*,
Divi Xtim (peut-être l'urne funèbre de Septime-Sévère) ;
une meule à grain, produite des laves du Vésuve ou de
l'Etna, et deux petits chevaux en stuc, très-élégamment
modelés, et présentant, comme signe caractéristique, la
crinière fournie des anciens coursiers numides, semblables à ceux de Jugurtha, semblables à ceux du Quadrige
du Carrousel ; dernier genre de monument, qui viendrait
confirmer un peu la prétention des vieux châtelains de
Penmarc'h, voisins de ces ruines, et qui, foi de gentilshommes, se disaient d'origine africaine pur-sang, et des-

(1) V. notre Albert, p. 31, 32
(2) Dans les pièces de terre, si durement nommées Cammeillaou, Mogue-
riaou, etc.

cendus en droite ligne des Phéniciens (1), dont ils avaient conservé le nom, les armes et le langage. Le nom! dans les mots Pen, Fen ou Phen, qui commencent le nom de Penmarc'h et les noms de Peni, Pœni, Phenices, Phéniciens ; les armoiries! dans la tête de cheval, que les Penmarc'h avaient sur leur bannière et que les Phéniciens avaient portée sur leurs drapeaux ; et le langage! dans le breton, ou le celtique, que les Penmarc'h ont parlé de tout temps, et qui, selon Bochart, a tant de ressemblance avec le Phénicien, qu'on ne saurait douter du lien commun qui les unit : *Hunc sermonem Britannicum cum Phœnico convenire in tàm multis, ut res non possit esse fortuita...*

Revenons au Folgoët.

Traditions.

Les Anciens ont dit (et les Anciens sont les sages) que « l'église du Folgoët était sortie du Ménec, en Ellestrec, » c'est-à-dire que le granit et le moellon qui la composent avaient été extraits des belles carrières de ce nom. Ils ajoutaient que le Kersanton, qu'on y a aussi employé avec tant de bonheur, était provenu de l'étang de Kerno, commune de Ploudaniel, et que, depuis, on n'en avait plus retrouvé dans ce lieu, parce que c'était alors un miracle ; mais, d'après d'autres renseignements que nous avons recueillis, il paraît que cette pierre, si belle et si précieuse, avait été prise des gisements d'où on la retire encore aujourd'hui, savoir : le plus grand Kersanton, du Moulin-en-Mer, en Logonna, et le plus fin, des garennes de Rosmorduc,

(1) Venus peut-être avec les Maures dont nous avons parlé.

près de l'Hôpital-Camfrout. Toujours est-il que notre Basilique est le premier monument du pays où l'on ait fait emploi du Kersanton (1), et que le temps, au lieu de l'égrener, comme il a fait du granit, s'est plu, au contraire, à lui donner un ton charmant de couleur, soit le vernis du bronze, soit celui de l'émeraude.

Quant aux bois, dont on avait construit les magnifiques charpentes de l'église, ils provenaient, dit-on, des chênes séculaires de la forêt de Lesneven, de la vallée de Coat-ar-Boz.

D'après les Anciens encore, la grande Tour du Folgoët et celle de Goulven auraient été bâties à la même époque, et elles auraient eu pour architectes le père et le fils ; le père pour le Folgoët, et le fils pour Goulven ; mais le clocher de Goulven portant la date de 1593, et celui du Folgoët celles de 1421 à 1514, le clocher du Folgoët a précédé celui de Goulven de plusieurs années ; et le premier a pu servir de modèle au second , comme le clocher de Creisquer avait servi de prototype à celui de N.-D. du Mur (2). On ne pourra jamais, du reste, assez bien déterminer les âges des diverses parties de ce beau monument ; l'architecte a voulu en faire des mystères en archéologie, comme dans l'ordre surnaturel : *Ab initio creata sunt...*

Les Anciens assuraient encore qu'on avait été quarante ans à construire l'église du Folgoët, et que chacun des ouvriers n'y avait reçu qu'un seul denier par jour : or, il en fallait dix pour faire le sou de Jean V. On ajoutait

(1) Celui des anciens portiques de Goulven ne date que de 1505 et 1506.
(2) On travaillait à ce dernier clocher en 1427. Hist. de Morlaix, p. 151.

qu'une seule vache les avait nourris tous de son lait, et que,
l'église achevée, la vache avait disparu.

On se demande, après cela, quels étaient les ouvriers
qui avaient pu se contenter d'un salaire aussi modique,
d'une nourriture aussi frugale ? La réponse est facile : c'é-
taient des moines ; car eux aussi (et quels autres mieux
qu'eux ?) avaient pu aspirer aux saintes fonctions de l'art.
« Les cloîtres, dit le R. P. Lacordaire, les cloîtres ca-
» chaient des architectes, des sculpteurs, des peintres, des
» musiciens, de la même manière qu'il s'y formait des
» écrivains, des orateurs (1). Près de l'autel, tous les frères
» se rassemblaient pour la prière : rentrés dans leurs cel-
» lules, le prisme était décomposé, et chacun d'eux expri-
» mait, à sa manière, un rayon de la beauté divine. O
» temps fortunés ! Paradis terrestres détruits par le despo-
» tisme et par la barbarie ! »

Oui, c'étaient des moines qui avaient opéré ces merveilles, de pauvres moines renfermés dans leurs petites
cellules du Créyer (2), près du Folgoët, où ils avaient vécu
d'un peu de lait et d'un denier de pain par jour... Voilà les
œuvres de la Foi !

Ces religieux, dans leurs œuvres, avaient mêlé le jeûne
à la prière et la prière au travail. Ils avaient tout fait dans
la seule vue de plaire à Dieu et à sa divine Mère. Ils n'a-
vaient oublié qu'une chose... de graver leurs noms sur la
pierre, ou plutôt ils avaient préféré les inscrire plus sûre-
ment sur le livre de vie, en les tenant cachés à la stérile

---

(1) « Ils ne méprisaient pas le titre de maîtres-maçons, *cæmentarii*. » Châteaubriand.
(2) Nom qui signifie loges, cellules : Creyèric Folgot.

curiosité des siècles à venir. La gloire les respecte aujour-
d'hui jusques dans leurs tombeaux, et craint d'alarmer ces
chastes cœurs, où l'humilité avait surpassé le génie... Ils
n'avaient, d'ailleurs, demandé que des prières pour prix
de leurs travaux : « Vous quy icy venez priez Dieu pour
» les trespassez (1)!... »

Enfin, suivant les Anciens, Dieu lui-même, Dieu, l'Architecte suprême des mondes, aurait eu la bonté, non-seu-
lement de présider, mais encore de concourir à quelques
œuvres de son humble chapelle. « Et pourquoi non,
» disaient-ils ? Dieu n'avait-il pas gravé autrefois, de sa
» propre main, les Tables de la Loi ? Dieu n'avait-il pas
» dressé et dirigé lui-même les plans du Tabernacle et de
» l'Arche-d'Alliance ? Il avait donc pu donner les mêmes
» soins à une église qu'il avait choisie et prédestinée, à la
» vue de tout un peuple : *Elegit eam Dominus et præcle-*
» *git eam!...*

» C'est ainsi qu'il avait sculpté la Vierge de la Fontaine,
» et pour preuve :

> » La Vierge, dont tu vois l'image,
> » Est un modèle si parfait,
> » Que le Créateur qui l'a fait,
> » S'est renfermé dans son ouvrage.

» Dieu avait sculpté également tout le Portique des
» Apôtres, dont voici l'origine :

» Les ouvriers avaient à peine commencé à dîner, un
» certain jour, qu'un étranger se présente à eux, deman-
» dant s'il n'y avait pas d'ouvrage à lui donner ? Il lui fut

---

(1) Inscription qu'on retrouve à Saint-Mélaine de Morlaix.

» répondu qu'il y en avait ; mais qu'avant toute chose, il
» eût à prendre part au repas qu'il voyait servi. Sur son
» observation qu'il n'avait pas faim, et qu'il désirait se
» mettre de suite à l'ouvrage, le maître-ouvrier quitte la
» table, et vient montrer à l'étranger la tâche qu'on avait à
» remplir : et cela dit, il s'en retourne vers les autres
» compagnons. L'étranger se mit tout aussitôt à l'œuvre ;
» et, quand les autres ouvriers revinrent à leurs travaux,
» il se trouva que le Portique avait été construit ; que les
» statues avaient été faites et mises en place , que les mo-
» dèles en avaient été pris dans le ciel même, et que l'ou-
» vrier n'avait plus été revu, ni là, ni ailleurs : *Eva-*
» *nuerat!...* »

On comprit facilement, ajoute-t-on, que Dieu seul avait
pu faire un si magnifique travail en si peu de moments, et
qu'il convenait de lui en rendre des actions de grâces : ce
qui fut exécuté à l'instant même... A Dieu en fut la gloire;
à Dieu qui est si grand et si admirable dans ses œuvres;
à Dieu qui avait ordonné à ses ouvriers de rappeler dans
leurs travaux ceux de la création, d'y mêler des plantes,
des fleurs et des fruits ; des insectes, des animaux (1), de
toutes choses vivantes, afin que le monument fût lui-même
vivant, et que, si les hommes se taisaient, les pierres, au
moins, pussent rendre témoignage : *Quià, si hi tacuerint,
lapides clamabunt!* Luc, c. 19, v. 40.

---

(1) On y voit, en effet, d'une part, des vignes et des feuilles de vigne, des
feuilles de mauve, d'artichauts, d'angélique sauvage, de chous frisés, de
chardons ; de l'autre, des loups, des renards, des hermines, des chats, des
rats, des souris, des grenouilles, des dragons, des serpents, etc.

Faits historiques. — Collégiale. — Doyenné, etc.

> *Quoniàm placuerunt lapides ejus, scribantur hæc :* « Puisque ses pierres ont été agréables, écrivons encore ces lignes. » Ps. 101.

1410. Silence de l'histoire sur le Folgoët, de 1386 à 1410. Alors commence cette liste de bienfaiteurs, qui continue toujours et n'aura pas de fin. — Premières donations faites à la sainte chapelle ; l'une par Tanguy de Coëtmenec'h, sirè de Coëtjunval (1), d'un champ dit An Ero hir, en Elestrec ; et l'autre par Hamon Quiniou et Juzette Filon, sa femme, d'un autre champ, sis sur le chemin gaulois, ou l'ancienne voie romaine, conduisant, en cette partie, de la Croix-Rouge à la Croix de la Roue ; croix célèbres (2) !

> Croaz-ruz, ha croaz ar rot,
> Croachou razet, croachou logot.

1416. Autre donation par Prigent de Gouzillon, sieur de Kerno, d'un bel hôtel au Folgoët.

1418. Trois nouveaux bienfaiteurs : Hervé Montfort, de Lesneven, Maurice de Quillifiry, de Trégarantec, et Robert Ynisan, de Plouider. Les champs donnés par Robert s'appelaient Parcou ar Rumeur, au terroir du Restou.

1419. Bénédiction et dédicace de la sainte chapelle ; jour de fête et de bonheur au Folgoët :

> *O solemnis festum lætitiæ,*
> *Quo unitur Christus Ecclesiæ!*

---

(1) « Fils juveigneur de Charles de Coëtmenec'h et de Basilie du Chastel, il avoit espousé l'heritière de Coëtjunval, d'à costé du Folgoët. »

(2) La dernière fut jadis le rendez-vous des combats judiciaires, ou gages de batailles de la cour de Lesneven.

1420, 30 janvier. Donation par Marguerite Eudoc'h d'une pièce de terre, située entre le Folgoët et Retalezre. — 19 mars. Donation de deux champs à Kerbriant par Me Jean Miorcec, de Lesneven (1). — 21 mars. Donation de Parc an Aoutrou, ou le Champ de Monsieur, sis à Coëtjunval, par Alain de Rohan, prince de Léon, « prince de la ligne royale de Bretagne, Conanigène! » Cette donation parle de la chapelle comme d'une œuvre tout récemment construite : « Faicte de nouvel (2). » — 3 décembre de la même année. Premier voyage du duc Jean V au Folgoët, où il arrive de Quimper-Corentin (3).

1421, 5 et 25 août. Donations par Azénor Moal et par Tanguy de Carman, preux chevalier, issu de l'une des quatre grandes maisons léonaises, célébrées par l'ancien adage : « Antiquité de Penhoat, Vaillance du Châtel, Ri-
» chesse de Carman, Chevalerie de Kergournadec'h :

> Penhoat an Anciantis,
> Castel ar Vaillhantis,
> Kervaon an Pinvidiguez,
> Cornadec'h ar Marc'héguez.

1422. Cinq nouveaux bienfaiteurs : Marie Porzléguer, Hervé Quéméneur, Jean Gilles, Marguerite Autret et Me Guillaume Miorcec (4). Marguerite donne à la sainte cha-

---

(1) Descendant de Daniel, dit Ar Goas Matd, comme l'un des avocats, ou *Boni Viri* de Léon, au IXe siècle : *Splendorem magnum* (justitiam) *ex quo Boni Viri nominantur.* Cic. de Officiis 1. « Dans le Cartulaire de Redon, dit le » nouvel Ogée, vous rencontrez, dès les premières années de l'empire des » Carlovingiens, des *Scabini*, des *Centuriones* et des *Boni Viri*. » T. 2, p. 442. Azénor Miorcec a soin de remonter à cet antique aïeul, dans un acte du 6 septembre 1435, A. Parcevaux, Passe.

(2) D. Mor., pr., t. 2, col. 1082.

(3) *Ibid.*, col. 1064 et tit. du Folgoët.

(4) Il était fils de Hamon et père de Jean précité. Il vivait en 1381, suivant un acte du lundi ampres Pasques fleuri de cette année.

4

pelle 7 sous de rente, à prendre sur l'hôtel Raoul Tanguy,
au faubourg de Lesneven, rue du Four; et Guillaume lui
lègue une pièce de terre « jouxte le parc Bocalogoët, près
ladite chapelle, à la charge d'une messe à notes ou à chant,
tous les ans, avec l'office des morts, à chaque premier
lundi de carême. » — 10 juillet. Second voyage du
prince au même lieu. Erection de la sainte chapelle en
église collégiale : le culte y est établi à l'instar de celui
de la cathédrale de Léon ; et, pour l'exercice de ce culte,
le prince y nomme quatre chapelains ou chanoines, aux
honoraires de 20 liv. chacun, ou de 80 liv. en tout : Petit
ruisseau qui grossira plus tard (1).

1423, 9 janvier. Assiette des 80 liv. faite par le duc
sur la dîme féodale de Plounéour-Trez, de 244 boisseaux
de froment, et de 112 boisseaux d'orge ; assiette encore in-
suffisante.— Deux nouveaux anniversaires fondés la même
année ; l'un par le chanoine Guiachec, et l'autre par Alain
et Mahotte Gouzillon (2) et François le Baillif ; le premier
donnant à l'église un champ près le Folgoët, et les autres
un autre champ, dit Parc Azenou Moal ; plus 4 deniers de
rente assis sur Prat Toupin, au terroir de Penarc'hoat, paroisse de Lesneven.

1424, 10 février. Troisième voyage du prince à la chapelle, où il complète les 80 liv. ci-dessus, en ajoutant à la
dîme de Plounéour celle de Plouider, de 8 boisseaux de
froment, et la dîme d'Elestrec, de 3 boisseaux du même
grain ; plus, 7 liv. 7 s. 6 d. en argent.

(1) L'inscription du portique occidental rajeunit cette fondation d'une
année, en portant 1423, au lieu de 1422, pui est la date véritable.
(2) Des actes portent Goueziou, Gouziay, Perouziay.

Et non content de ce premier don, le prince généreux en fait un autre de pareille somme, dont il amortit la moitié en dîmes sur dîmes, et l'autre moitié en terres et rentes... Et voilà nos chanoines riches de 160 liv. entre quatre, ou de 40 liv. chacun, sans compter le produit des dons, des offrandes et celui des oblations, que leur cède Mᵉ Yves Kerentel, recteur de la paroisse : *Rector Ellestrec, magister in artibus et baccalaureus in Decretis*. — Don d'Hervé Montfort de 9 sillons au ferroir Keralguezen ; dons d'Edouard de May et de messire Yves Michel, prêtre.

1425. Autres dons : 1° d'une hanapée de froment par les hoirs de Jacques de Treffily ; 2° de quelque autre chose par Oderne, déguerpie, ou veuve de Jean Guyader ; 3° de 25 sous de rente par Robert Ynisan ; 4° autre bon petit don par Guy Balcon ; 5° don par Jean Le Mesgoüez de Liors Créis, au terroir de Lesneven, et de moitié de Parc an Digouris, au terroir de Rétalezre ; 6° don par Amice Buzeuc, veuve Mathelin, d'une pièce de terre, au terroir de Kergunic, paroisse de Kernoüez ; 7° don d'héritages à Keriolé, même commune, fait par Hamon Buzeuc et Catherine Guyouroux, sa femme.

1426. Quatrième voyage de Jean V au Folgoët, où il passe deux jours, le 27 et le 28, logeant, soit en la ville de Lesneven, soit au manoir de Coëtjunval. Le 28, jour solennel ! Le duc, entouré de son conseil, proclame, du haut du trône, le décanat de l'église collégiale, et en investit le principal chapelain, Mᵉ Jean de Kergoal, qui, de cette manière, et à compter de ce jour, devient doyen, gouverneur, recteur et supérieur de cette église, avec un supplément de traitement de 30 liv., à prendre sur la recette de Lesneven. Et puis le duc de lui adjoindre un sacristain et trois choristes, à 10 liv. chacun, à puiser à la même source : « Petits choristes, bénissez le Seigneur : *Laudate, pueri, Dominum!* »

Et voilà comment, ajoute-t-on, comment la petite chapelle est devenue grande église!... Et comment le chapelain Kergoal est devenu bien riche, lui qui était bien pauvre : car, noble de Plouescat, son père lui avait souvent dit, dans son jeune âge : « Doucement, mon fils, doucement » sur la tourte ; vaut bien mieux le potage » :

Goustadic d'ar garchen,
Guelloc'hic ar zouben !

Et pourquoi le potage ? Parce qu'il se composait uniquement d'eau, de sel, de choux, de navets, denrées moins chères que le pain, ou la tourte.

Autres générosités faites à la sainte chappelle, en 1426, par Olivier de Saint-Renan, Robert Ynisan, Salomon Nuz, les filles Ydouart, Amice Buzeuc, Marguerite Pencoët, veuve d'Alain Ynisan, le bon Hervé Montfort, qui nous revient toujours, et qui donne, cette fois, « à sa bonne Dame du Folgoët 4 sous, 6 deniers monnoye, » à prélever sur maison à Lesneven ; et puis Marguerite Le Gall, qui lègue aussi à la Sainte-Vierge 2 sous, à prendre sur une maison, sise, place aux pourceaux, en la même ville.

1427, 11 septembre. Accensement de la forêt de Lesneven, dans laquelle « le B. Salaün avoit solfié, maintes » fois, le doux nom de Marie. » Heureuse forêt !

O felix Nemus! ó Nemoris felicior hospes !
Dùm tibi cantat AVE *dulce,* MARIA, *puer!*

« O doux hermitaige, digne d'un tel hoste, qui avoit
» vécu en terre comme un ange dans le ciel ! O Ange de
» simplicité, digne d'un tant délicieux bocage ! »

O forêt ! ô bocages d'un autre ange, de la princesse
Honore, cette vierge si douce et si sainte, dont nous dirons
aussi l'histoire.

Sainte Honore était fille du comte ou du duc Even (1), que
ses victoires avaient fait surnommer le Grand, l'Heureux,
le Magnanime : *Qui dictus est Magnus, Felix et Nobilis
Evenus.* Effectivement, dit le poète de la *Table-Ronde*,

Dans maints combats Even resta vainqueur ;
Mais ses exploits occupant trop son âme,
Epoux distrait, il oublia sa femme,
Qu'il chérissait, pourtant, avec ardeur.

Née à Lesneven, Honore avait été élevée dans le pays de
Languengar, à quelques pas de cette ville ; et c'est là que,
plus tard, elle avait aimé à se retirer avec ses gouvernantes
pour y vaquer à la prière et s'y nourrir des plus saintes
lectures. Tout l'avait invitée à la méditation dans cet endroit :
un vallon solitaire, une forêt (cette magnifique forêt de
Lesneven !) traversée par de rares sentiers, des arbres for-
mant des berceaux ; des fontaines au doux murmure, des
prairies verdoyantes, des fleurs, des plantes, et mille ha-

(1) Dom Morice a fait vivre ce prince au Xe siècle ; mais, à la marge de
ses Actes, t. 1er, col. 337, il n'a placé qu'une date incertaine : « Vers l'an
900. » Or, nous en avons découvert une plus positive dans le Cartulaire msc.
de Landévénec, f° 156 v° ; c'est l'année 955. En effet, après la donation faite
par S. Morbret des biens qu'il avait reçus lui-même du comte Even, on lit
ces mots : *Anno Domini DCCCCLV* ; mots qui ne peuvent se rapporter qu'à la
donation de S. Morbret, parce qu'après eux, arrive un autre acte distinct et
séparé, commençant par ce titre en lettres majuscules : *De Tribv Hewei*, et
par un I immense au préambule : *In nomine Domini*, comme pour nous
avertir que la date ne s'y rattache point, et qu'elle appartient entièrement
au premier acte.

bitants aîlés y célébrant, à leur manière, les louanges du
Seigneur :

C'hui ba gan meuleudi da Zoué,
Né baouezit oc'h hé veuli ;
Pérac né zeu va mouëz-mé
Da imita oc'h hini?

Cependant, la vie de cette princesse, loin de lui concilier,
comme on aurait pu le croire, l'affection de son père, lui
avait, au contraire, attiré sa disgrâce, au point d'être hon-
teusement chassée de la maison paternelle et d'être privée,
d'avance, de la portion d'héritage qui aurait dû lui revenir
un jour. Dans cette position fâcheuse, Honore avait mis sa
confiance en Dieu, qui n'abandonne jamais ceux qui espè-
rent en lui ; et, se retirant chez son ancienne nourrice, elle
y avait mené la vie la plus austère, partageant, avec cette
pauvre femme, un pain noir et grossier, se livrant avec
elle aux travaux les plus pénibles, et souvent les plus
abjects ; et passant de cet état de labeur à la contemplation
la plus sublime, dans laquelle elle avait puisé de grandes
lumières. On avait pu découvrir, à la sérénité de son visage,
le calme intérieur de son âme ; et, malgré ses austérités,
elle n'avait jamais rien perdu de cette sainte gaîté qui prête
tant de charmes à la vertu. Honore était devenue ainsi un
objet de respect et de vénération pour tous ceux qui
l'avaient entourée. Even lui-même, Even, pénétré de re-
pentir, lui avait rendu ses bonnes grâces ; mais il avait
fallu une circonstance particulière pour le ramener à cet
acte de justice. Nous devons la rapporter telle qu'elle nous
a été transmise par la légende.

Even, dit celle-ci, avait eu beaucoup de songes, et des songes tellement pénibles, tellement douloureux, qu'il en était tombé malade, et même si malade, que les prophètes ou les devins, qui expliquaient alors les songes, et qui en faisaient parfois eux-mêmes, lui avaient déclaré qu'il n'aurait jamais guéri, qu'autant qu'il eût obtenu, pour remède, le doux lait, le lait béni d'une vierge. C'était demander un miracle : car les vierges n'ont point de lait (1); et pourtant le miracle s'opéra ; mais d'une autre manière.

Even avait eu trois filles. Il s'était adressé d'abord aux deux aînées, qui l'avaient refusé : « Nous sommes dispo-
» sées, lui avaient-elles dit, à vous rendre toute espèce de
» services ; mais nous ne pouvons vous accorder celui que
» vous nous demandez :

    » Evit an dra-zé n'ho sicourimp quet :
    » En èn affer-all, m'ar c'houlennet. »

Even alors avait eu recours à la plus jeune de ses filles, à la pieuse Honore. « Je m'en vais, avait-il dit, je m'en vais
» trouver ma fille Honore : je n'ai cependant rien fait pour
» elle ; bien au contraire ; je l'ai chassée de ma maison ;
» je l'ai privée de tous mes biens :

    » N'em-euz gréat vad évit-hi,
    » N'em-euz gréat vad da Hénori,
    » Német hé chasséal deuz va bro,
    » Német hé briva deuz va mado.

    » Salut et bénédiction dans cette maison, avait-il dit en

(1) « C'est un fait bien connu, disait Ménage, M. de S" reprochoit à M. du
» Perrier, qu'il estoit reduit au lait des Muses. — Cela ne peut estre vray,
» repondit du Perrier, car les Muses sont vierges et n'ont point de lait. »

» entrant chez Honore ! Y a-t-il ici quelque chose de nou-
» veau ? — Rien de nouveau , mon père , avait répondu
» Honore , rien de nouveau , si ce n'est votre heureuse
» arrivée :

> » Nevézenti ébet né zeuz quét ,
> » Némed'och, va zad, pa zoc'h deuet.

» Ma fille , avait repris Even , je suis affligé d'une ma-
» ladie qui me laisse très-peu d'espoir de guérison, puis-
» que les prophètes m'ont dit que je ne pourrai guérir
» qu'autant qu'une vierge soit assez charitable pour me pré-
» senter son sein, et me donner de son lait. — Qu'à cela
» ne tienne, mon père, avait répondu aussitôt la pieuse
» Honore ; et dussé-je verser jusqu'à la dernière goutte de
» mon sang, il n'est aucun sacrifice que je ne fasse pour
» vous :

> » Nag hé c'houffen scuilla va oll goad
> » Evid'oc'h , va zad , m'ar graën vad ! »

A peine Honore avait-elle prononcé ces mots, qu'un
ange, blanc comme neige , était descendu du ciel, et lui
avait apporté un sein d'or :

> Nag eun éal guen-can ha zisquennas,
> Eur vron aour da Hénori ha zigassas.

« Honore avait sauvé ainsi les jours à son père ; et sa
» piété filiale a été célébrée dans tous les siècles ; mais on
» n'a point appris ce qu'elle était devenue depuis. » C'est-
à-dire que la légende l'ignorait ; mais nous avons su, d'autre
part, qu'Honore avait suivi son père dans la terre de Cornouaille ; qu'Even y avait fondé une seconde Léonie, dont

Châteaulin était la capitale, comme Lesneven l'était de la première (1) ; qu'Even y avait terminé ses jours de la manière la plus sainte; que plusieurs localités y ont retenu son nom, telles que Lanéven, Lesnéven, Néven, Ploéven, Quéménéven (2), Saint-Even, Saint-Néven, etc.; qu'Honore, la pieuse Honore, sa fille, y avait fondé aussi un monastère de vierges, douces comme elle, douces comme des colombes (3), et que sa petite cellule, qu'on y a conservée longtemps, avait été formée de légers arbrisseaux ; qu'elle avait été fréquentée par les Cornouaillais, mais que ceux-ci l'avaient constamment cachée aux Léonards, compatriotes d'Honore :

> Broïs Hénori ha c'houlenné
> Oc'h ar verdéidi, dré m'ho guélé :
> « Nag n'ho pé quet guélet à énep bro
> » Eun donnellic ven, ag hi disto ? »

Les compatriotes d'Honore demandaient aux mariniers qu'ils rencontraient : « N'auriez-vous pas vu dans quelque » pays une petite tonnelle, une tonnelle toute blanche, une » tonnelle sans toit? » Et les mariniers leur répondaient : « Nous ne connaissons aucune tonnelle, si ce n'est celle

---

(1) C'est dans ces deux endroits que les serfs d'Even étaient obligés de résider l'an et jour : ce que Lobineau appelle faire le carême, ou la pénitence d'une année.

(2) Ou Quéménet-Even, qui signifie gouvernement d'Even; mots qu'Ingomar aurait traduits par ceux-ci : *Commendatio Eveni.*

(3) Entre le bourg de Goulien et la chapelle de Lanourec, vers Pont-Croix. Goulien s'appelait autrefois Goulc'hen, ou Goulven, du nom de l'hermite de Léon, qui avait pareillement suivi le prince dans la Cornouaille, et qui y avait laissé, à Goulien même, une de ses trois cloches, qu'on y retrouve encore ; mais qui n'est point en or, comme le voulait la légende : c'est du pur et simple laiton, semblable à celui de la cloche de Saint-Pol-de-Léon, dite *An hir-glaz,* ou la longue-verte, à cause de sa forme et de sa couleur.

4*

» de sainte Honore; mais celle-là, nous la connaissons
» bien, car nous la visitons tous les jours :

> » Ni né ouzomp hano à hini ,
> » Német tonnel santez Hénori ;
> » Német tonnel santez Hénori
> » Hé vezomp bemdez oc'h èn saludi. »

1428. Vente par Bernard du Beaudiez au Doyen de
Kergoal d'une maison à Lesneven , rue du Gouerdreziou.
— Chanoines célèbres du Folgoët : Yves Milbéo, au-
mônier et ambassadeur du duc, et Me Alain de Kerret,
premier sacristain de la collégiale, appartenant à l'une des
familles les plus anciennes du pays, puisque, d'après un
proverbe breton, « les premiers hommes de la terre furent
» les Guicaznou et les Kerret : »

> Ar guenta tud démeuz ar bet
> Ha voé Guicaznou ha Kerret.

1429. Nouveaux dons à l'église par le sire de Leheuc,
par Corentin Le Boulc'h, Hervé Le Jeune, Olivier de Saint-
Renan et le bon Hervé Montfort, qui donne à S. Salaün
une rente de 10 sous sur une maison à Lesneven , rue
Ségalen.

1430. Autre rente de 6 deniers, léguée par Alain Le
Digouris, de Kerduden, sur la moitié d'un champ à Rétalezre. — Un boisseau de froment donné par Azéline Pencoët, à prendre sur Parc Goagan, sis au terroir de Leslem,
en Plounéventer. — Une pièce de terre à Kerbriant, donnée
par Maurice De Kerasquer, de Quillimadec. — Enfin,
divers petits héritages, légués par Alain Courtois, de Lezeret,
en Ploumoguer, « ô le congé de monseigneur Du Chastel.»

1431. Mort du doyen Kergoal. On lui donne pour successeur Me Guillaume Grallicot, dont nous ne connaissons ni la patrie, ni les actes. — Donation du moulin du Folgoët à l'église par Maurice de Keradennec, de Saint-Frégan, possesseur, en son temps, du sol illustre de Tolente.

1432, 7 décembre. Exemption pour le Folgoët de tous impôts sur les boissons et marchandises débitées en ce lieu : « Et ce, ajoute le prince, par la très-singuliere de- » votion que nous, nostre chere et amée sœur et compaigne » la duchesse et nostre lignée avons à ladite chapelle. »

Et puis, mandement aux juges de Léon « de laisser les » doyen , chappelains et vendeurs vins et autres choses » pleinement et paisiblement jouir et user de leurs droits, » sans sur ce leur mettre, ne souffrir estre mis aucun » ennuy, destourbier, ne empeschement en aucune ma- » niere. »

Et puis ces défenses si vives, si énergiques aux rece- veurs : « Deféndons aux generaulx et particuliers fermiers » de noz dits impostz, defendons, au temps advenir, soubs » la peine de 500 escuz, de lever, ne exiger aucun debvoir » aux hostels , ny sur les explectans vins , ne entrer en » leurs celliers merquer lesdits vins, ny y faire aucun » explect : et, si vous, ou l'ung de vous les trouvez ce » faisans, ne attendez : au contraire, les prenez de corps » et leur faictes reparer et amender tres estroictement. »

1433, 28 janvier. Alain de Rohan, « ce petit roi d'Armo- » rique, » comme l'appelle un auteur, lègue à la collégiale le petit manoir de Coëtjunval; Geoffroy de Kerguen étant doyen, et Hamon Carnec trésorier.

1434, mois de décembre. Cinquième et dernier voyage du duc à notre église : il la comble de nouveaux bienfaits, et la gratifie encore, plus tard, d'une somme de 50 liv.

1435. Le trésorier Carnec ayant quelques remords sur son ancienne gestion, « et voulant l'amender, mais n'ayant » puissance de ce faire, par meubles, au plus mieux qu'il » souhaiteroit, baille et livre à la chapelle les heritaiges luy » mouvantz de ses deffunctz parents. »

1439. Don par Guillaume Evény d'une pièce de terre à Pencoët, en Elestrec.

1441. Jean le Jeune, nouveau doyen.

1442, 28 août. Mort du duc Jean V. « père de cette église. »

1443, 18 janvier. Fondation de la grande messe du samedi, par Pierre de Bretagne, prince du sang et sire de Guingamp, lequel affecte à cette fondation une somme perpétuelle de 10 écus d'or, du poids de France. — 7 septembre de la même année, et 4 janvier 1444, confirmations faites par le nouveau duc François Ier de l'exemption des impôts, prononcée par son père en faveur du Folgoët.

1445, 7 février. Autre confirmation par Yves Castel, Alain Prigent, Marguerite et Thiphaine Carnec, leurs femmes, de la rente d'un boisseau froment, léguée par Hervé Carnec, leur auteur.

A la sainte chapelle travaillait, dans le moment, Yves de Kergouloen, en qualité de maçon. C'était pourtant un gentilhomme; mais il faut vivre avant tout, et on l'excuse : « car bien est vroy, disent les actes, que le dit Yves s'est » entremis d'œuvrer pierres, ains il est de ligne noble, a

» toujours esté exempt, et son pere avant luy, et sert à
» la guerre, quand le cas y échet. »

1446. Réformation de la noblesse d'Ellestrec, faite au
Folgoët : on n'y trouve qu'un seul gentilhomme : « Jehan
Marhec, sire de Guicquelleau, » portant pour armes :
D'azur, à 3 quintefeuilles d'or, 2 et 1.

1448. Jean de Vau nommé doyen.

1449. Dix-neuf sillons de terre donnés a la sainte chapelle par Prigent Charreteur, dans un champ sis au terroir
de Kergunic.

1450. Mort du duc François Ier ; avènement de Pierre
de Bretagne à la couronne, sous le nom de Pierre II.
« Il n'oublie pas de venir rendre hommage à la Très-
» Saincte Vierge en cest asyle de ses hermines sacrées. »

1453. Hervé Guiomar élu doyen.

1455. Yves Maucazre idem. — 13 octobre. Donation
d'un parc à l'église par Catherine Sainhenry.

1456. Envoi de Rome au Folgoët, par le cardinal Alain
de Coëtivy, d'un magnifique reliquaire renfermant de
précieux restes des 10,000 martyrs, conservés au monastère de Saint-Anastase des Trois-Fontaines.

1457, 22 septembre, le duc Pierre étant mort, Artur
III lui succède. Artur ajoute deux chanoines aux quatre
établis par Jean V. Ces deux chanoines touchaient chacun
25 liv. Ainsi, l'église avait déjà six chanoines, un sacristain et trois choristes de fondation ducale. Un de ces
trois choristes était un petit Pilguen, de Plouider, du doux
manoir de Kerouriou, qui devait toujours fournir des
cordes pour pendre les criminels de notre cour de Lesneven,

et qui, en compensation, avait reçu jadis la maîtrise sur toutes nos grèves : Ce qui lui faisait dire : « flux ou reflux, » je suis partout le maître, et Kerouriou est mon nom : »

> Bézet tré, bézet lano,
> Kerouriou éo va hano!

1458. Demoiselle Marguerite de Lannilis donne à la sainte chapelle une grande garenne, qui a conservé son nom : ce qu'on offre au Seigneur n'est jamais oublié. Qui donc ne connaît pas les Goaremmiou de Maharit-Lannilis?

1460. Fondation de deux chapellénies par Guillaume Ferron, évêque de Léon.

1461. Prigent Ier de Coëtmenec'h (1) échange, avec le doyen et les chanoines, son lieu de Kergoff-Martinet contre le petit manoir de Coëtjunval, qui était tout à fait à sa convenance, puisqu'il avait déjà le Grand, (2) et qu'il tenait dans ce dernier une petite cour, où les visiteurs de l'église étaient toujours admis. « Le dit Prigent estoit riche de 200 liv. de rente, » somme alors considérable : car le rentier général de la noblesse de Léon, à cette époque, ne s'élevait qu'à 23,574 liv., et les plus riches du pays étaient les Sires de Coatmeur, de Penmarc'h, de Penfeunteniou et de Kergroadez, chacun à 600 liv. « Et » le dit Prigent estoit filz de Tanguy de Coëtmenec'h et de » Catherine de Coëtjunval; le dit Tanguy filz de Charles » de Coëtmenec'h, chevalier, qui avoit eu à femme

(1) Epoux de Marguerite de Kerlouan. — Il mourut en 1474.
(2) Ces deux manoirs jouent un certain rôle dans les romans de Lancelot et de Tristan, sous le nom de grand et petit Boisjenval; et le manoir de Coadelez y figure également, sous le nom de Boisanges.

» ˋBasilie du Chastel, mère de ce Tanguy, et la mère de
» ce Charles estoit fille de Leon. »

1462, 10 juin, « le duc François II arrive en toute dé-
» votion au Folgoët pour y visiter ce royal oratoire de la
» tres-incomparable Vierge, accompagné de sa première
» femme, de sa première Marguerite : car vous sçaurez
» qu'il a eu deux fleurs de ce nom, Marguerite de Bretagne
» la première, et Marguerite de Foix la seconde, laquelle fut
» un vrai miroir de beauté et mere d'un autre miroir,
» dame Anne de Bretagne, nostre bien-aimée duchesse et
» souveraine. »

1466. Jean de Kerlan nommé doyen du collége.

1471. Donation faite à l'église par ce Doyen d'une
maison et d'un champ, situés à Kerbiquet, en Kerlouan.

1472. Nouveau doyen, Guy de Lesquélen, de Plabennec;
nouveau chanoine, Yves Le Grand, auteur de *Mémoires
sur l'évesché de Leon*, manuscrit qui n'existe plus. —
Même année, 600 jours d'indulgences accordées à la
sainte chapelle par le pape Sixte IV.

1474. Acte de ratification de Sire François Fougay
de la donation faite par Pierre Fougay, son père, d'un
champ, dit Parc Nuz, sis au faubourg du Stréatveur, en
Lesneven. — 22 Juillet, mort du cardinal de Coëtivy,
« cet amant de Marie, cet ami du Folgoët, » dont tout
le désir avait été d'être inhumé dans cette dernière église,
mais Rome l'a retenu dans celle de Sainte-Praxède.

1475. Les habitants d'Elestrec et ceux de Plouider
reconnaissent les deux rentes qu'ils doivent au vénérable
collége.

1476. Mort de Christophe de Penmarc'h, évêque de Saint-Brieuc, autre bienfaiteur de notre église : *Cujus vita vitæ fuit exemplar*.

1482. Fondation d'une rente de 9 deniers, faite au Folgoët par Marguerite de Lannilis, qui n'était plus la demoiselle de Lannilis, dont nous avons parlé, mais bien la femme et dame d'Olivier Edy, bon gentilhomme, qui avait figuré à la réformation de la noblesse Lannisienne, en 1443. La rente créée par Marguerite était à prendre, dès 1459, « de Jehan Migadel sur la quarte partie d'un » courtil en la rue en Valy à Lesneven. »

1483. Grand procès au Folgoët! « Alain Guillou, suivi » de sept compaignons, estoit entré en un fenyer, appellé » fenyer Paul, d'autres disent en ung courtil, appellé » liors Paul, là, où qu'ung arbre estoit ; lequel avoit esté » abbattu sur ung chyen appartenant à Jehanne Lesormel, » et le dit arbre estoit, Messieurs, un perier (poirier), et » lequel perier chust sur ledit chyen, qui estoit courant » et de peille rouge, et comme que soyt blecza ledit chyen, » tellement qu'il bea, se choucha à terre, et puis amprez » yssit la vie de son corps... et fut ledit Guillou condempné » le 28 novembre. » Signé, J. Ynisan, Passe.

1485. 500 autres indulgences concédées au Folgoët par le Pape Innocent III.

1487. Rentes de cette église sur le grand convenant, ou domaine de Kergunic, qui passait pour le plus ancien de Léon. Or, les convenants remontaient, chez nous, à la plus haute antiquité ; nous leur assignons l'origine suivante : Avant César, nos villes bretonnes étaient anséatiques ; chacune avait ses lois : celle de Vannes avait son sénat et ses lois ; elle était indépendante de Rennes, comme les autres cités de Nantes, Quimper, Occismor, Corseul, etc. Ces villes anséatiques avaient été subjuguées par César, 58 ans avant l'ère chrétienne. Elles secouèrent le joug des Romains, l'an 409 de J.-C. (1), et les lois de nos villes reprirent leur ancien cours. Ces lois sont encore subsistantes ; ce sont nos différents usements, débris précieux de ces institutions gauloises, si nombreuses et si diverses, dont parle César en ces termes : *Hi omnes lingud, institutis, legibus inter se differunt.* « Tous diffèrent entr'eux de langage, de lois, d'institutions : » ce que nos bas-bretons paraphrasent ainsi :

> Cant bro, cant quis;
> Cant parrez, cant ilis.

« Cent pays, cent coutumes; cent paroisses, cent » églises. »

1488. Donation par Alain Denis d'une pièce de terre, « aux mètes de Retalezre. »

1489. Fondation par Pierre de Carné d'une messe à chant au grand autel du Folgoët, avec vigiles des morts, la veille : 100 sous monnaie pour cette fondation.

1493. « Concession à Prigent II, de Coëtmenec'h, sieur » de Coëtjunval (2), de l'emplacement à construire une » fenêtre de trois pannelles en ladite église, dans la » chapelle de croix, au-dessus de la porte y estant vers la » fontaine, avec la première vouste vers le midy de ladite

(1) Dix ans juste avant l'arrivée de Pharamond en France.
(2) Epoux de Perrine de Rosnivinen, héritière de Keranc'hoat, en Loperc'het.

» église, en laquelle vouste, de l'autre costé, il y a marque
» où estoit jadis l'autel et l'image de N.-D. de Pitié ; à la
» charge de payer à ladite chapelle , à chacun terme de
» Saint-Michel , la rente de 20 sous, avec la faculté d'en
» delivrer assiette. »

1497. Donation par Bernard Le Veyer et Isabelle de
Coëtmenec'h (1), sa femme, sieur et dame de Névent,
d'un champ, nommé parc Mol, situé au terroir de
Kerguillon , en Plouider.

1498. Yves Gestin, recteur de Saint-Thonan, est nommé
doyen de la collégiale. — Acte capitulaire des habitants
de Plounéour, par lequel ils reconnaissent devoir à la
collégiale la dîme de 356 boisseaux, orge et froment,
« la plus grande de Bretagne. »

1499. Premier pélerinage d'Anne de Bretagne, reine
de France, « en ce sacré palais, » qu'elle enrichit de
beaux présents, comme de ses robes de noces, l'une de
damas blanc, et l'autre de drap d'or, dont on avait fait
deux belles chappes, que l'on conservait encore dans le
trésor de l'église, en 1789. — Fondation aussi par elle
de la grande messe du mardi , « à l'intention de sa Majesté
et de ses prédécesseurs. » Elle y affecte 44 écus, ou 132
liv. sur la recette générale de Bretagne.

1502. Hervé Le Bars, sentant sa fin prochaine, lègue
à l'église du Folgoët, 1° 4 deniers monnaie ; 2° 2 écuellées
de froment, mesure de Trégarantec ; 3° un demi-boisseau
du même grain, mesure de Lesneven.

1504. Donations d'ornements à la même église par M⁰

(1) « Icelle fille de Prigent Iᵉʳ de Coëtmenec'h. »

Henri Miorcec, et fondation par lui d'une rente de 12 deniers monnaie, payable au jour et fête de l'Assomption.

1505. Second pélerinage de la même princèsse :

L'an mil cinq cens et cinq alla tout droët
Pour visiter son pays et Folgoët.

Elle s'y trouvait le 29 août : nouveaux présents, croix en argent, calice en or et autres objets précieux « si » beaux, si riches, dit le P. Cyrille, qu'on peut bien » assurer qu'aprez le duc Jean V, aucun prince n'a laissé » dans ce royal college autant de marques d'affection. »

On y montre encore la chambre qu'elle y avait occupée ; on l'appelle Cambr ar Rouanez. Cette chambre fait partie de l'hôtel des Pélerins, appelé également l'hôtel de N.-D. et l'hôtel de Charité. On y entre par une porte dentelée fort remarquable et paraissant plus ancienne que les autres constructions du Folgoët : il faut qu'on l'ait tirée de quelque antique monument, ou que l'artiste ait voulu nous séduire par son imitation : car le gothique trompe quelquefois. Cet hôtel avait été fondé par le premier doyen de Kergoal, qui y a laissé ses armoiries en souvenir : *D'azur, à une fasce d'or, surmontée d'une main d'argent, soutenant un oiseau de même ;* main charmante, petit chef-d'œuvre, rappellant l'autre main qui, dans son temps, avait secouru les pauvres, donné des soins aux malades, aux infirmes, et rempli le dû de sa dévise :

Non ignara mali, miseris succurrere disco :
Malheureuse, j'appris à plaindre le malheur.

1506. Le doyen Yves Gestin acquiert de Guillaume

Masson un champ, dit Parc an Dillat, en Lesneven. Deux ans après, le même Masson ne vend pas, mais donne à la chapelle deux autres champs, nommés Parc Léon et Parc ar Stang, situés au terroir de Kergozian, en Ploudaniel.

1509. La peste ravage à la fois Lesneven et le Folgoët. La cour royale quitte la ville et va rendre sa justice ailleurs. On la rencontre alors partout, dans les villages, dans les châteaux et presque dans les bois. C'est un acte qui nous l'apprend, mais qui nous dit que lui-même il a été « passé ez generaulx plaids de Lesneven tenuz à Landi- » viziau à cause de la peste le xxiii° jour de janvier lan » mil cinq centz neuff... » Le fléau durait encore chez nous au mois de septembre suivant.

1510. Fondation de deux messes, l'une à chant et l'autre à basse voix, par Haouis Simon, qui lègue, à cet effet, à la sainte chapelle 10 sillons dans Parc ar Groaz, et 16 sillons dans Parc Cornangoff, sis au village de Lannuzien, où se trouvait anciennement l'église d'Elestrec.

1512, 15 août. Service célébré au Folgoët pour les glorieuses victimes du combat de la Cordelière. La Cordelière était le plus grand vaisseau qu'on eût vu jusqu'alors en France. Il avait été construit au bas de la rivière de Morlaix, par ordre de la reine Anne. Cette princesse en avait elle-même choisi les officiers, dans cette pléïade de braves, qui, à cette époque, entourait le Folgoët et Lesneven ; elle leur avait donné pour chef, pour amiral. l'immortel Hervé de Porzmoguer (1), époux de Jeanne de

---

(1) Et non pas Primoguet, comme l'ont écrit nos historiens, qui font tous la même faute. Quand donc se corrigera-t-on à cet égard ?

Coëtmenec'h (1), et demeurant avec elle au manoir de Coëtjunval, près la sainte chapelle.

Or, le combat de la Cordelière avait eu lieu contre la Régente d'Angleterre, à la hauteur de Saint-Mathieu du bout du monde. En voici la relation, telle qu'elle nous a été donnée par un neveu de Porzmoguer, Pierre du Louët (2).

« Le jour de sainct Laurent (3) lan mil cinq centz douze
» s'entrerencontrerent la Carrague de Bretaigne nommée
» la Cordelyere et la Carrague d'Angleterre nommée la
» Regente bien prez du Raz de Sainct Mahé et combattirent
» jusques à la nuict, de sorte qu'ilz s'entrebruslerent tous
» deux, et bruslerent comme chenevottes (4) ; et tous ceux
» qui dedans estoient moururent, sinon bien peu qui s'es-
» chapperent à force de nager. Il y avoit une autre neff
» d'Angloys que Porzmoguer mit sous l'eau à grands coups
» d'artillerie, et estime-t-on qu'il en mourut d'Angloys
» environ 1300 personnes, et de Bretons environ 500 :
» entre les quels mourut le capitaine Porzmoguer , Hervé
» Coetmenec'h expectant de Coetjunval (5), Morice Keras-
» quer expectant de Quilimadec , François le Bailliff,
» Tanguy Kerlezroux, Martin Lénault maistre de la Car-

(1) Fille de Prigent Ier de Coëtmenec'h et de Marguerite de Kerlouan.
(2) Epoux de Marguerite de Coëtmenec'h, fille de Prigent II et de Perrine de Rosnivinen. Pierre du Louet mourut en 1525.
(3) 10 août.
(4) L'incendie , comme toujours , avait commencé par une trahison des Anglais : *Britonum Chordigera*, dit Gilles Masser, *præter conventionem bellicam flammis petita est.* In Aul. Gell. , fo 98 vo.
(5) « Ledit Coetjunval qui fut bruslé estoit epoux de Jeanne de Leheuc, laquelle demeura veuve et grosse, et, le 19e jour ensuyvant, eut Jacques de Coetmenec'h, et ledit Jacques ne vesquit que trois ans et mourut à Leheuc. » Leheuc est le Lek, près Landerneau.

» rague Jehan Le Sainct, Christophe de l'Isle, Gabriel
» Bresal, Olivier et Yvon Nuz, Yvon Kerdreu, Jehan Bou-
» teville, Maudet Quinyou, Jehan Tanguy, Loys Dolou,
» Yvon le Digouris, Guillaume Miorcec, Jehan Kermelec
» et plusieurs autres gentilshommes et marins. »

L'auteur ajoute ensuite, en marge, cette petite note :
« Ceux-cy estoient mes cousins germains, ou mes alliez
» de bien prez. »

Tels furent les braves de notre Cordelière ; les héros de
ce combat, digne de celui des Trente, mais plus utile que lui :
« Car la Cordelière, en mourant, avait sauvé la Patrie : »

*Arsit Cordigera in flammâ extremâque cadentem
Servavit, moriens, excidio Patriam* (1).

Chanoine remarquable du Folgoët, en 1513 : Yves le
Jar, sieur du Mesguen, recteur de Duault, de Guipavas et
de Lanpaul-Ploudalmezeau (2), et qui, ne pouvant suffire
à tant d'obligations, avait affermé la dernière cure à Yves
Maucazre, sieur du Carpont (3), moyennant une somme de
25 liv., « payables, porte l'acte, an presbitouer de Guic-
» paul (4), ez termes que ensuyct, sçavoir 12 liv. 10 s. à
» chaque terme de Pasques, et aultres 12 l. 10 s. à cha-

(1) Vers de Germain de Brie : *Herveus, seu Cordigeræ navis conflagratio*
inter Carmina Germani Brixii, 1519, in-4°.
(2) Ploutalmezo, *Plebs-Talmedoniæ* : Talmezo est le *Talmedonia*, ou *Mezonia*
des Actes de S. Paul-Aurélien, dans Bollandus, au 12 mars. Ce nom vient de
Tal-mezou, qui veut dire le Front des plaines.
(3) C'est la *Villa Petri* des mêmes Actes... Près du Carpont, est le Quélou-
mat, d'où le saint avait annoncé l'Evangile, ou la bonne nouvelle, comme
l'exprime ce nom.
(4) Guic-Paul, *Pauli vicus.* Autrefois, on se servait du mot *guic* pour indi-
quer le bourg, et du mot *plou* pour désigner toute la paroisse : Guic-gour-
vest, Plou-gourvest. Ainsi des autres.

» cun terme de sainct Michel Montegargane, à peine d'inte-
» restz. » Y. Coetnempren, Passe.

Gabriel Gouzillon fut élu doyen la même année.

« Ez jours de janvier 1514, désolation au Folgoët, à
» cause du trespaz de la duchesse et royne madame Anne
» de Bretagne. C'estoit justice de la pleurer, dit Saint
» Gelais, car oncques ne fut si bonne princesse qu'elle es-
» toit, et ne courut si bon temps que le sien. » Toute sa
vie fut une union intime avec cette chère Bretagne. Mou-
rante, elle tournait encore vers elle ses derniers regards, et
lui léguait son cœur, après sa mort.

Le 24 septembre de la même année, autre désolation au
même lieu « du decoix de la jeune Cyprienne de Coëtme-
» nech, laquelle avoit paré et soigné les autiers de l'église,
» et estoit morte de la peste au manoir de Coëtjunval, le
» jour de sainct Mathieu : » le petit ange, an aëlic quéaz !

Dans le même temps, un malheureux fils du Fogoët, un
fils dénaturé, affligeait sa patrie : « C'estoit Jehan Marhec,
» sire de Guicquelleau (1), homme de tres mauvais gou-
» vernement, jureur et renieur de Dieu, querelleux, noësiff,
» bastiff, esclandiff, scandaliff, mahaigneur et tueur de
» gentz, avecq touz aultres vices que pouvez imaginer. Et
» led. Marhec avoit sa bande, composée de Maurice et d'Yves
» ses freres (2), d'Yvon Le Gall dict Huytraz, d'Hervé Gal-
» liou (3), de Thomas Kerdu, de Jehan le Maistre, de

(1) « Il estoit fils aisné principal hoir et noble de Yves Marhec, sieur, en
son temps, dudit Guicquelleau, en Elestrec. »

(2) « Lesquelz estoient, comme luy, gentz noësiffz, querelleux, scandaliffz
et craintz et redoubtez au quartier. »

(3) « Me Guillaume Kersausen disoit que sauff eust esté audit Marhec, pour
1000 liv., qu'il n'eust pas eu led. Galliou en sa maison, du vivant de son pere,
ne dempuix. »

» Goulven Mobian et d'aultres. » Et Marhec avait un
cheval que l'on nommait Mourmouz, et ledit cheval aimait
son maître plus que lui-même, hennissant et bondissant à
sa vue, à sa voix, se riant, comme lui, de la peur et du
glaive, ne respirant que les combats, frémissant, écumant,
piétinant, et s'écriant sans cesse : « Allons ! marchons ! »
Fervens, fremens... Ubi audierit buccinam, dicens :
Vah !... Job, c, 39. Et ledit Marhec allait et marchait par
toutes voies avec son destrier.

« Ores, ung jour, se trouvant au marché de Lesneven,
» lors estant au Folgoët, obstant la peste qui avoit cours
» en ceste ville, le susdit Marhec bailla deux grandz souf-
» fletz à Alain Tribara, drapier de la dite ville, parce que
» cettuy cy n'avoit voulu luy bailler, sans argent, de quoy
» faire une paire de chausses. » Mais ce n'était là qu'un
petit fait : car Yves de Kermellec, greffier d'office de la cour,
nous apprend que, de 1512 à 1546, « led. Jehan Marhec
» avoit invadé et assailly maistre Marc Kerliver, noble
» homme, et lui avoit faict une grosse playe à la teste ;
» qu'il avoit pareillement assailly ung nommé Le Bour-
» dieuc de ceste ville, et icelluy bleczé tellement, qu'il luy
» avoit faict sang et playe ; qu'il avoit invadé et assailly
» maistre Tanguy Pilguen, prebtre, noble homme, sieur de
» Kerouriou, et l'avoit trahiné par les cheveulx et foulé o
» ses piedz ; quoy faisant, il avoit encouru sentence d'ex-
» communication, en laquelle il estoit dempuix ; item,
» qu'un jour de foire de Lanhouarneau, il avoit bleczé et
» mutilé ung nommé missire Alain Balaznant, prebtre, et
» luy avoit faict sang et playe, encourant encores les cen-

» sures de l'Eglise ; item, qu'il avoit pareillement assailly
» Jacques Botorel, auxi prebtre et vicaire de Lesneven, et
» luy avoit faict une grande playe à grosse effusion de
» sang, de laquelle on avoit présumé plus sa mort que sa
» vie, et dont led. Marhec avoit encouru une aultre ex-
» communication ; item, qu'il avoit battu et bleczé, à plu-
» sieurs coups mortels, Moricze Marhec son frere ; item,
» qu'il avoit battu, mutilé et mis en estat de mort Jehan
» Geffroy, chartrenier de Lesneven (1) et auxi sa femme ;
» item, qu'il avoit invadé et assailly Guillaume Le Jeune,
» noble homme de Ploudaniel, et luy avoit donné un coup
» d'estocq en son costé senestre, plus bas un petit que les
» costes, dont il auroit longuement esté sur le lict entre les
» mains des barbiers ; item, qu'il avoit battu et navré de
» plusieurs et innumerables coups d'espée Yvon Marhec, son
» frere jusques à la mort, mais il n'en mourut point ; item,
» qu'il avoit battu et excedé Margarite Maczon, femme
» Hervé Le Goff, estant enceincte, tellement que elle perdit
» son enffant ; item, qu'il avoit, une foys, battu et excedé son
» serviteur Yvon Le Gall, dit Huytraz, et l'avoit mis en
» dangier de mort ; item, qu'il l'avoit, une aultre foys, mis
» à rostir au feu, tellement que, à cause de ce, led. Huy-
» traz auroit cuydé mourir ; item, qu'il avoit battu et voulu
» tuer Marc Kerasquer, son oncle ; item, qu'il avoit battu
» et navré Salomon Balaznant son nourrisseur ; item, qu'il
» avoit battu et mahaigné une sienne commere, la femme
» de ung nommé Lucas, de la parroesse de Elestreuc ; les-
» quieulx toutz et plusieurs aultres auroit habillez, pansez

(1) Sergent du roi.

5*

» et guariz Mᵉ Yvonnet Grant Soleill, barbier et cirurgien
» audit Lesneven, à la priere et requeste dud. Jehan
» Marhec, sans en estre payé, ne contenté, neaulmoings
» promesses de ce faire… Pourquoy il supplioit à Monsieur
» le seneschal (1) de luy estre aydant en ces causes (2),
» et prieroit Dieu pour luy. »

1516. Cinq cents jours d'indulgences accordés à l'église
du Folgoët par le pape Léon X, cet illustre pontife, qui a
eu la gloire d'imposer son nom au siècle où il a vécu.

1518. Le roi François Iᵉʳ et la reine Claude de France.
sa femme, fille d'Anne de Bretagne, visitant ce pays, dans
le courant du mois d'octobre (3), s'arrêtent au Folgoët et à
Lesneven, où leur garde est assaillie par la bande de Marhec : « item, le Roy nostre souverain Seigneur estant
» en ceste ville de Lesneven, led. Marhec invada et blecza
» à effusion de sang aulcuns archiers de la garde de
» nostre dit souverain (4). »

1520. Acquêt par le doyen Gestin de deux pièces de
terre situées, l'une au terroir de Feunteunvéaz, et l'autre
en celui de Kerynen, près le manoir de ce nom, habité,
dans ce temps, par un gentilhomme fort pauvre, mais dont
la femme, roturière, était riche : « Diable ! Madame, di-
» sait, un jour, le mari à sa femme, vous avez fermé la
» porte à Malte à notre fils ! — il est vrai, Monsieur, ré-

(1) « Nobles homs maistre Yves Pinart, sieur de la Noëverte, docteur ez
droictz, seneschal de Leon, à Lesneven. »
(2) Le mémoire montait à 98 écus soleil et 20 écus d'or.
(3) Ils se trouvèrent, dans le même mois, à Vannes ; puis, au château de
la Hunaudaye, au mois de novembre, et dans la ville de Rennes, le 10 décembre. V. D. Mor., Pr., t. 3, col. 946.
(4) Ainsi l'attestent Yves de Kermellec, greffier, et Paul Barbier, procureur du roi à Lesneven.

» pondit la jeune dame ; mais parlez aussi de celle que je
» lui ai fermée à l'hôpital. »

1521. Nouveau doyen de la collégiale, Prigent de Kerlezroux.

1522 à 1526. Nouvelles persécutions de Jean Marhec.

« Qu'auxi ledit Marhec, en habit de femme, se seroit
» transporté en la maison de Alain Bodenan, au bourg
» parrochial de Sizun, et y auroit battu et mahaigné la
» femme dudit Bodenan, et auroit emporté o luy plusieurs
» biens de ceste maison ; qu'auxi, il auroit suivy une hon-
» neste fille, nommée Margarite Kernech, jusques au
» manoir de Treffhaleguen, en Lanhouarneau, et l'auroit
» battue, neaulmoings qu'elle criast à la forçze ; qu'auxi
» il auroit excedé de coups Oderne Polart, la battant de
» toutz ses poings, la tirant par les cheveulx et la frappant
» de ses esperons en plusieurs et divers endroictz de son
» corps ; qu'auxi il auroit invadé et assailly messire Henry
» seigneur de Penmarch, estant lorz chez Yvon Ropertz,
» prez St. Guedas (1), en la parroesse de Ploesezny, et en
» icelle maison auroit voulu le tuer, et l'eust faict, si n'eust
» esté l'huyz de lad. maison fermée ; qu'auxi le dit Marhec
» estant, à ung samedy, au marché de Landerneau, sur le
» soir, auroit battu, mutilé et outraigé Jean de Coëtdelez,
» noble homme du Drenec, tellement que, dempuix, il se-
» roit allé de vie à trespaz par le moyen des dictes blec-
» scures ; qu'auxi, verz le dit temps, à ung jour de marché
» en la ville de Lesneven, il auroit baillé un coup d'espée
» de taille à ung serviteur du sieur de Kergueguent, capi-

(1) Saint-Gildas, en Guissény.

» taine des francs archiers de cest evesché de Leon, telle-
» ment que le dit serviteur seroit tombé à terre, et luy
» auroit faict ledit Marhec une grosse playe en la teste;
» qu'auxi, tenant l'espée nue, le dit Marhec auroit pour-
» suivy M° Yves Kermellec, greffier de la cour de ceans,
» lequel, se destournant vers luy, l'auroit fait reculer par
» ces mots : Forçze au Roy! Qu'encores, le 12 octobre
» 1523, led. seigneur de Penmarch, revenant du marché
» de Lesneven, et invité, du soir, d'aller avec led. Marhec
» à Guicquelleau, il y seroit allé sans soupçon, et y auroit
» esté attaqué par led. Marhec, tellement que cettuy cy
» auroit evaginé son espée sur led. sieur de Penmarch, et
» d'icelle luy auroit baillé sur la teste un coup de taille si
» fort, qu'il seroit tombé esvanouy ; et amprez qu'il seroit
» tombé, luy auroit baillé led. Marhec plusieurs coupz et
» colets, en sorte qu'il luy auroit faict trois playes en la
» teste, et luy auroit couppé un poulce et trois doigtz de la
» main gaulche; de la quelle, par cestuy moyen, seroit
» led. sieur de Penmarch rendu tout impotant à jamaiz ;
» et, en oultre, l'auroit battu, mutilé et outraigé tant, qu'il
» seroit demouré illecq, en la cuisine de Guicquelleau,
» tout sanglant, comme s'il fust mort (1) ; qu'auxi, l'an

(1) « Au lendemain, dit le greffier de Kermellec, moy et M° Tanguy Me-
» lennec, allasmes aud. lieu avec le S⁻ procureur du Roy en Leon, M. Paul
» Barbier, et vismes led. S⁻ de Penmarch bleczé et navré, tant en la teste que
» en la main gaulche, en sorte que chacun qui le vid, comme nous, disoit
» qu'il estoit vroyment en dangier de mort.» — «Il ne mourut pas cependant,
mais il devint, un moment, comme imbécille, fut interdit, le 23 du même
mois, et mis sous la curatelle de la dame de Penmarc'h, sa femme, dame
Guillemette de Kerloaguen, laquelle, devant le tribunal de Lesneven, con-
clut contre Marhec à la somme de 10,000 écus d'or à titre de dommages-
intérêts; mais, par transaction passée « audevant de la Maison du Folgoët, »
le 8 mai 1525, elle arrêta les poursuites, Marhec s'étant obligé de payer, à
l'heure même, une somme de 300 écus en argent, et à servir une rente perpétuelle de 33 liv, hypothéquée sur tous ses biens. »

» 1524 , led. Marhec seroit venu en jugement où estoit
» led. Penmarch, en l'auditoire de la cour de Lesneven, et
» là, présentes plusieurs personnes, et mesme Me François
» de Keroüartz, lieutenant de Monsieur le Seneschal, ex-
» pediant lad. cour, il auroit jecté ung gant à terre, parlant
» au Sr de Penmarch, et luy auroit dict que il vouloit le
» combattre : sur quoy , led. Sr de Penmarch seroit des-
» cendu du lieu où il estoit, se seroit baissé et auroit prins
» led. gant, disant aud. Marhec qu'il acceptoit le combat
» luy offert (1) , pourveu touteffoiz que led. Marhec eust
» faict diligencze d'avoir le congié et champ du Roy, ain
» sin que en tel cas est recquis et de necessité faire : sur-
» quoy instant et requerant led. Marhec et demandant
» seureté, leur auroit faict mondit sieur le lieutenant
» s'entre assurer et jurer seureté l'ung à l'aultre, et auroient
» esté prins et miz en la protection, seureté et sauvegarde
» du Roy, et prohibez de non s'entremalfaire, sur les
» paynes de la coustume du pays en icelluy cas ordon-
» néez.... Et, dempuix, s'entreseroient hantez, et esté les
» ungs chez les aultres, desnotantz avoir grande amyctié
» ensemble, tant en leurs maisons que ez villes, bourgades
» et ailleurs où se seroient rencontrez ; qu'auxi, l'an 1525,
» ung samedy, jour de marché à Landerneau, Marhec
» auroit encore couppé la main à ung gentilhomme, nom-
» mé Yvon Symon, de la parroesse de Dirinon ; et auroit
» assailly ung aultre gentilhomme, appellé Robert Coet-
» trehiou, de la parroesse d'Irvillac, et l'auroit blcczé d'une
» playe longue dempuix le hault de la teste jusques au

(1) Au préau de Croaz ar rot.

» menton, et profonde jusques à l'os ; qu'en plus il auroit
» assailly , battu et miz en dangier de mort le nommé
» Pierre Le Prédour, cirurgien en laditte ville, parce qu'il
» seroit venu de panser les dits Symon et Coettrehiou ;
» et l'auroit mahaigné en toutes façzons , luy donnan
» plusieurs coupz du pommeau de son espée , luy arra-
» chant les poils et les oreilles, dont il auroit detaiché pres-
» que le tout de l'une ; qu'auxi, l'an 1526, led. Marhec
» auroit battu et excédé Jehan Guillaume et sa femme
» tellement, que ladite femme, enceincte, auroit faict son
» enffant plus tost que ne debvoit faire, et qu'à cause de
» ce, ledit enffant se seroit trouvé en dangier de mourir ;
» qu'auxi, à ung jour de marché en ceste ville de Lesne-
» ven, il se seroit efforczé d'entrer, de nuyct, en la maison
» de Me Yves Quellec, et voyant qu'il ne le pouvoit, il auroit
» jecté des pierres à l'huyz et fenestres d'icelle maison (1),
» traictant lad. femme de Quellec de G., de P., bien qu'elle
» fust honneste femme , de bonnes vie et conversation ;
» qu'auxi led. Marhec seroit encores allé, de nuyct, à la
» maison de Hervé Lazennec , en la mesme ville, ayant
» ses gentz en sa compaignie, et se seroit efforczé de battre
» toutz ceulx de lad. maison ; et voyant qu'il estoit gardé
» d'y entrer, il auroit tiré par une fenestre en une chambre
» d'icelle troys traictz de garrotz, de telle forme qu'il auroit
» cuydé tuer la femme de la maison et ung petit enffant
» qui estoit au lict en lad. chambre , et par dessus les
» quieulx lesd. garrotz auroient passé : d'aultres adjous-
» tant que led. Marhec et sa bande avoient prins une

(1) « Et disoit Beatrice Connestable qu'il y en avoit bien une charrettée. »

» charrette, et avecq icelle pourchassé l'huyz, aux fins de
» courir sus aux ditz mariez ; qu'auxi led. Marhec, à un
» jour de marché en lad. ville, auroit eu querelle o Guil-
» laume de Kersausen, sieur de Penhoat, en St. Fregan ;
» que led. Marhec auroit prins led. Kersausen par les che-
» veulx, et led. Kersausen led. Marhec par le nez ; sur
» quoy Guyon Lanpezre, Allain Kerbiguet et missire Jehan
» Gouhihen, recteur de Maeslan, auroient prins led.
» Marhec et l'auroient mis horz de la maison où ils estoient,
» à sçavoir celle de Guillaume Kermarrec ; que led.
» Kersausen se seroit retiré, amprez, dans la cuisine de
» lad. maison ; surquoy Yvon Marhec, frere dud. Jehan
» Marhec, auroit tiré son espée et esté droict à lad. cuisine
» sur led. Kersausen et auroit voulu le frapper de lad.
» espée : ce que voyant led. Kersausen auroit mis ung
» banc, estant en lad. cuisine, entre luy et le coup dud.
» Yvon Marhec, et auroit prins, sur l'heure, led. Kersau-
» sen une broche chaude estant en lad. cuisine, et d'icelle
» se seroit efforczé de frapper led. Yvon Marhec, et luy
» auroit traversé l'habit au-desoubz du bras ; et ledit
» Jehan Marhec, estant luy dehorz en la rue, prez l'huyz
» de lad. maison, auroit dict, à haulte voix, plusieurs in-
» jures vilaines aud. Kersausen, et luy auroit faict repro-
» che qu'il eust appellé ses gentz vilains : à quoy led. Ker-
» sausen auroit respondu qu'il n'avoit jamaiz appellé hom-
» me vilain qu'il ne le fust ; et que sy son Galliou luy avoit
» faict aultant qu'il avoit faict à d'aultres, il seroit allé le
» sercher jusques à la porte dud. Marhec ; qu'auxi led. Mar-
» hec auroit battu François le Deredeuc, couturier du pays ;

» battu de recheff la pauvre Oderne Polart ; battu Amicze
» Bresal, damoiselle servante de la maison de Guicquel-
» leau (1), laquelle disoit ne voulloir plus demourer ceans. et
» Marie de Kernezne, femme dud. Marhec, respondant que,
» si lad. Amicze n'y demouroit, elle n'y demoureroit point
» auxi, vu la mauvaise vie dud. Marhec, ses emportementz,
» violences, exczoiz, cruautez, yvroigneries, et les maulx
» qu'il avoit faitz et ceulx qu'il voulloit faire, lesquelz luy
» attireroient bientost l'ire et la puniction de Dieu. » Prédiction qui s'accomplit à la lettre, un ou deux mois après,
ainsi qu'on va le voir.

« Seroit donc advenu que, la nuict du mercredy, quin-
» ziezme jour de janvier 1527, envyron dix à onze heures
» du soir, seroit arripvé Jehan Marhec en la maison et
» manoir de Penmarch, et seroit monté en une chambre,
» nommée an Cambr creiz, en laquelle chambre se se-
» roient trouvéez lorz Madame de Penmarch (2), Margilie
» de Penmarch, dame de Lescoët (3), et Margarite du
» Boys ; et, comme il seroit entré en lad. chambre, il se-
» roit allé saluer lad. dame de Penmarch, et l'auroit em-
» brassée, comme c'est la coustume de faire, en saluant les
» damoiselles. Le Sr de Penmarch, n'estant pas là, auroit
» esté dans une aultre chambre, dicte Cambr an Portal,

---

(1) Amice était une de ces petites parentes peu riches qu'on recueillait
autrefois dans les châteaux, et qu'on a appelées, depuis, des demoiselles de
compagnie. Amice était fille de Jean de Bresal et d'Anne de Coëtquelfen, de
la paroisse de Plougar.

(2) Dame Guillemotte de Kerloaguen, seconde femme de Henri de Penmarch, qui l'avait épousée, le 26 janvier 1521, et en avait un fils, Alain
de Penmarch, lequel rebâtit son château, de 1540 à 1546. La dame de Penmarch était âgée de 26 ans, en 1527.

(3) Fille du premier mariage de Henri de Penmarch avec Jacquemine Le
Forestier.

» s'apprestant à aller se coucher, et placzé à genouilz de-
» vant une ymaige de N.-D., disant ses devocions et orai-
» sons, ainsy qu'il souloit faire touz les jours ; et, à son
» arripvée, l'auroit embrassé led. Marhec et luy auroit
» dict : Mon capitaine (1), je vous prye de venir, ce soir, à
» ma requeste, avecques moy à Guicquelleau, où j'ay des
» gentz que je veux festoyer : ce que souvent auroit ref-
» fusé led. sieur de Penmarch, en soy excusant, tant à
» raison de l'heure qui estoit tarde, que auxi de la dispo-
» sition de sa personne. Lequel Marhec n'auroit voullu
» prendre son excuse, ains l'auroit pressé incessamment
» de luy promettre qu'il seroit allé aud. lieu, luy disant,
» de ceste faczon impie : je desavoue Dieu et baptesme (2),
» sy jamaiz je entreray en vostre maison, sy vous ne venez,
» ce soir, avecques moy à Guicquelleau. Lequel sieur de
» Penmarch enfin, voyant l'importunité dud. Marhec ; con-
» siderant que, entre lad. maison de Penmarch et celle de
» Guicquelleau, n'y avoit qu'un demi-quart de lieue ; que
» led. Marhec, en grande amyctié, comme il apparoissoit,
» l'auroit pryé d'y aller, et que, luy, auroit promis de ce
» faire (3), se seroit laixé vaincre, et tout incontinent led.
» Marhec seroit party en advance, et led. sieur de Pen-
» march auroit faict preparer des chevaulx, miz sa perru-

(1) Marhec avait, depuis 1522, la place d'homme d'armes dans la compagnie du seigneur de Rieux.

(2) Quel langage pour un homme qui, en définitive, était clerc tonsuré, et
venait de faire vœu d'aller à N.-D. de Lorette, à la Chandeleur prochaine :
Ipse Joannes Marhec clericus tonsuratus, habitum et tonsuram deferens clericales.
Mais l'église en était déjà fatiguée, le voyant s'abîmer, chaque jour, dans la
débauche et dans le crime : *Ac ipse semper in deteriora prorumpens, ad gra-
viora delicta perpetranda præceps recurrens.*

(3) « Morice Marhec, qui l'auroit cru ? luy ayant dict de n'y point aller, il
» auroit respondu qu'ayant promis, il n'eust faict deffault à sa promesse. »

6

» que blanche, prins son petit bonnet, son chappeau, sa
» chappe et ses bottes (1), baisé la croix, et donnée à
» baiser à François le Deredeuc, qui estoit, ces jours là, à
» besoigner de son mestier aud. manoir; lequel il auroit miz
» en croupe derriere luy sur sa hacquenée, et auroit faict
» monter Olivier Guierin, son palfrenier, sur ung aultre
» cheval, et les trois ensemble s'en seroient allez aud. lieu
» de Guicquelleau : auquel endroict, à son arripvée, luy
» et led. Marhec se seroient embrassez et cheryz l'ung
» l'aultre; et s'estant miz à table dans la cuisine, envyron
» une heure et demye amprez mynuict, led. sieur de Pen-
» march se seroit placé prez de la cheminée et Jehan Ker-
» nezne, sieur du Curru, à costé de luy ; et, de l'aultre
» costé, led. Jehan Marhec vyz à vyz dud. sieur de Pen-
» march, debout ; et prez de luy, Tanguy Denys, sieur de
» Lancelin, la femme dud. Marhec, Marie Kernezne (2),
» Catherine Marhec, sa sœur (3), et Marie Jouhan, femme
» espouse audit Kernezne (4), toutz debout, allantz et ve-
» nantz, beuvant, mangeant et faisant bonne chere ; la
» dame Marhec leur ayant servy, par deux ou trois foys,

(1) Le sieur Marhec était plus élégant : car il portait, ce jour-là même, jour
du meurtre, « ung seon de drap noir, une lombarde courte jusques à my
cuisse, de mesme drap, et ùn bonnet de mesme couleur, à deux rebraz attai-
chez o des esguilletes de soye noire, enclousteez de cloux do ceste couleur.»
(2) Agée alors de 18 ans. Elle était sœur de Jean de Kernezne ; tous deux
enfants d'Hervé de Kernezne et de Jeanne de Kermorvan.
(3) On avait voulu la marier ; « et le lundy, 16 du mois precedent, Jehan
» Marhec, Guillaume du Beaudiez, Tanguy Denys, sieur de Lancelin, et Jehan
» de Keraldanet, filz aisné du sieur du Rascol, estoient allez à Plouneventer
» parler o recteur dud. lieu pour avoir de luy les cent escuz qu'il avoit pro-
» mis bailler à lad. Catherine sa niepce, en faveur du mariage d'entre elle et
» led. Jehan de Keraldanet. »
(4) Cette petite dame, âgée seulement de 13 ans, ne savait pas le français ;
elle l'avoue dans un acte : c'était pourtant la châtelaine du beau manoir du
Curru, paroisse de Milizac.

» des salades d'oranges o le sucre, et lad. dame les lais-
» sant ensemble gaudir et faire bombance ; allant par sa
» maison , trottant et faisant ses affaires, et tantost led.
» Jehan Marhec, son mary , luy recommandant d'aller
» sercher des poyres pour cuyre : ce qu'elle auroit faict ;
» et auroient beu tant et tellement led. sieur de Penmarch
» et led. sieur de Guicquelleau, qu'ilz auroient advancé
» jusques à boyre dans une escuelle de boys (1) : Et enfin,
» quand led. sieur de Penmarch auroit voulu s'en partir
» pour retourner en sa maison , led. Marhec auroit com-
» menczé à luy jecter quelques parolles picquantes et de
» courroux (2). Sur quoy led. sieur de Penmarch s'en se-
» roit party, et seroit venu à la porte de l'entrée de lad.
» maison de Guicquelleau, où estoit son cheval ; et ainsin
» qu'il auroit voullu monter dessubs, seroit survenu led.
» Marhec, ayant une arbalaistre bandée, et auroit lasché
» led. Marhec ung trect de lad. arbalaistre aud. sieur de
» Penmarch, duquel l'auroit attainct tellement, qu'il l'au-
» roit faict tomber par terre, et lors luy auroit donné huict
» coups de taille en la teste, avecques tant de forcze, que
» le cerveau en seroit sorty ; et amprez l'avoir tué, luy au-
» roit donné cinquante-six estocqz en aultres endroictz de
» son corps; et, à chaque coup qu'il luy auroit porté, il l'au-
» roit traicté de faux traistre, de ribault , de lasche , de
» couard : et cependant led. sieur de Penmarch avoit esté,
» en sa jeunesse, ez guerres horz le royaulme de France,
» vaillant et hardy de sa personne , et s'estoit porté ver-

(1) « Ilz avoient fait grosse chere l'espace de trois heures. »
(2) Le jeune Kernezne aurait dû chanter aussi « quelque chose de déplai-
sant pour les Penmarch.»

» tueusement ez derraines affaires contre les Angloys, y
» ayant exposé son corps et ses biens, et fourny des armes
» et des harnoix aux gentz pour la tuytion du pays, contre
» ces annemys ; breff, il avoit esté prizé et estimé entre les
» hommes d'honneur et d'estat, et homme prest, prompt,
» et suffizant pour entendre à la chose publicque. Puix le
» meurtre commis, led. Marhec auroit retourné en lad.
» maison de Guicquelleau, ayant l'espée nue en sa main,
» toute sanglante et fumante (1), et, y arripvant, auroit de-
» mandé à boire du vin, et se seroit vanté d'avoit perpetré
» ce crime enorme, et auroit dict ironiquement : Monsieur
» s'en est allé ; il ne reviendra plus : j'ay faict ce que de
» longtemps je voulois faire (2). Et puix il auroit dict aud.
» sieur de Lancelin, quy estoit ceans : Prenez la chandelle
» et venez voir comme led. feu seigneur de Penmarch est
» accoustré : quoy refusant led. Lancelin, led. Marhec luy
» auroit dict de recheff : venez, et que plus ne soict be-
» soing de vous le dire ; aultrement, il vous sera faict tout
» comme aud. seigneur de Penmarch. Et craignant led.
» Lancelin la fureur dud. Marhec, pour ce que touzjours
» il tenoit l'espée nue sanglante en sa main, auroit prins
» la chandelle à porter, et seroit allé o led. Marhec à la
» porte de la cour de l'entrée dud. Guicquelleau, et illecq

(1) C'était l'épée avec laquelle Marhec s'était flatté de pouvoir, d'un seul coup, trancher la tête à un cheval. C'était l'épée de feu Yves Marhec père, dont le seigneur de Penmarch avait dit fort gracieusement que, si elle avoit été à luy, il eût fait faire une chaîne d'argent pour l'appendre dans sa chambre. « Il n'avoit pas prévu qu'elle seroit bientost l'instrument de sa » mort, quoyque led. Marhec luy eust dict qu'il luy en menageoit une plus » belle dedans quinze jours. »

(2) « Prigent de Lesguern avoit ouyd led. Johan jurer par le sang Dieu (car » il ne parloit jamaiz sans blasphémer) qu'icelluy Penmarch ne seroit mort » d'aultre main que de la sienne... Qu'il en estoit jaloux. »

» led. Marhec luy auroit monstré led. feu sieur de Pen-
» march mort, et ayant lesd. playes ; et auroit dict aud.
» Lancelin : N'ay-je pas faict maintenant mon souhaist ?
» et led. Marhec auroit touché, remué et retourné led. sieur
» de Penmarch, pour s'assurer davantaige qu'il estoit mort,
» comme il l'estoit malheureusement ; qu'ensuite la nou-
» velle de ce meurtre ayant esté portée au manoir de Pen-
» march, les serviteurs d'icelluy auroient esté appellez
» pour aller à grant haste aud. lieu de Guicquelleau que-
» rir la personne de Monsieur, que Olivier Guierin disoit
» avoir laixée bleczée d'un trect de garrot, prez la porte de
» lad. maison ; et seroient partys ensemble led. Olivier
» Guierin, Tanguy Liorzou, Loys, le cuisinier, et ung
» moyne blanc, frere Geffroy Chenoys (1), armez chacun
» d'une espée, forz led moyne ; et, comme seroient arrip-
» vez aud. lieu de Guicquelleau, auroient trouvé leur bon
» maistre, led. seigneur de Penmarch, cheu à terre mort,
» prez la porte de la cour dud. lieu (2) ; et auroient com-
» mencé à crier forcze au meurtre ; et auroient ouyd led.
» Marhec lascher ung trect d'arbalaistre, en disant à haulte
» voix : Ah ! traistres, je vous deslogeray de là !... Puix
» amprez, led. Marhec auroit faict à ung petit garçzon de
» l'aage de dix ans, estant o luy en sa maison, mesner et
» conduyre son cheval Mourmouz par la porte de lad.
» maison jusques à l'église, laquelle est proche, et auroit
» monté sur ledit cheval et se seroit miz en fuite... et se-

(1) Religieux de l'abbaye de Beauport, ordre de Prémontré, dans la paroisse de Plouezec, évêché de Saint-Brieuc.

(2) « Le corps auroit esté transporté ensuitte en la maison de Christophe
Le Gall illec prez. » Sans doute à Kerradénec, où une famille de ce nom
existe encore

» roit venu au couvent des Cordeliers à Landerneau, pour
» y prendre franchise (1), et on l'y auroit veu dempuix,
» par aulcun temps, dedans l'église dud. couvent, et par
» aultre temps, en une chambre horz le cloestre d'icelluy,
» appellée la chambre de S. Louis, Cambr Sant Loïs; mais
» instruictz de ce meurtre le P. Yves le Bouillat, gardien,
» et ses moynes n'auroient plus voullu le garder, à cause
» qu'il estoit homme scandaleux et meurtrier : *Quippè,*
» *spretus in omnibus nostris monitoriis, plura delicta*
» *perpetravit, et, inter cætera, illud atrocissimum homi-*
» *cidium in personam domini de Penmarch, ut publicum*
» *et notorium existit ;* qu'enfin led. Marhec ayant commis
« led. meurtre traistreusement, insidieusement, à guest
» apanz et de propos longuement délibéré, auroit esté
» notté, poursuivy, apprehendé pour les dictz faictz et
« gestes; et n'eust-on voulu, pour 10,000 ecuz d'or et plus,
» led. deczois estre ainsin advenu aud. sieur de Pen-
» march... »

« Et fut bientost faict justicze dudict Marhec, et sa sen-
» tencze de mort rendue comme suilt, le 17 febvrier :

» Et sera ledict Jehan Marhec, sieur de Guicquelleau,
» extraict par le bourreau de la prison de Lesneven, en
» laquelle il est, et conduict jusques au gibet, et illecq sa
» teste tranchée, et amprez son bras dextre couppé, et,
» par amprez, son corps pendu aud. gibet, sond. bras at-
» taiché à ung post et mis en la placze de ceste ville prez

(1) Ç'avait été déjà sa ressource... Quand il s'était vu poursuivi par la justice séculière (ce qui lui était arrivé trop souvent), il s'était réfugié aussitôt
sur cette terre de franchise, ou d'asile (d'ar vénéhy), d'où il avait excipé de
son titre de clerc, et réclamé, comme tel, son renvoi devant les juges
d'église.

» la douffve du chasteau, et sa teste mise et attaichée sur
» ung aultre pal et post sur le grant chemyn (1), prochain
» au lieu et manoir de Guicquelleau, prez lequel fut le
» meurtre commis en la personne dud. feu Henry de Pen-
» march, et les biens meubles dudict Marhec confisquez...

   » Et sy fut faict comme estoit dict. »

La tradition rapporte qu'on avait cloué la tête de Marhec
contre un vieux chêne, et que ses descendants avaient été
condamnés à remplacer cet arbre toutes les fois qu'il serait
tombé de vétusté; mais les Marhec n'ont jamais eu cet em-
barras, cette famille ayant disparu alors comme une
ombre, comme frappée de la foudre (2) :

Tardiùs, heu! periit fulmine tacta Tigris!

Devons-nous ajouter encore, avec la tradition, que le
fidèle coursier de Marhec ne put survivre à son maître, et
qu'il mourut de douleur, un ou deux mois après (3) ?

1528. Acquèt de cent sous de rente fait par le doyen
Kerlezroux sur le lieu noble de Kericvoal, en Ploudaniel.

1529. Autre rente à l'église de 4 boisseaux et demi de
froment assise sur une maison à Lesneven, rue Ségalen,
et sur un champ, dit Oursal, nom rappellant celui d'un
saint du Bas-Léon, qui marie toujours les jeunes gens et

---

(1) L'ancienne voie romaine, vis-à-vis de Pencréac'h.
(2) Fors néamoins Marie de Kernezne, qui épousa le seigneur de Guer-
meur, en 1531.
(3) Si l'on en croit nos villageois, Mourmouz n'aurait jamais bronché : on
voit pourtant dans l'histoire qu'il avait fait, un jour, une chute assez grave
dans la cuisine de Guicquelleau, où son maître avait voulu le faire entrer :
« Marhec donna des esperons à son cheval, et tira sur sa bride avec tant de
roideur, que le cheval s'abbattit, Marhec dessoubz, Mourmouz dessubz, et n'y
eust personne qui osast aller aud. Marhec le secourir ; par quoy luy convint
de relever sond. cheval et de se relever ensuite luy mesme. »

les jeunes filles, quand on lui fait de cœur la prière suivante :

> Aoutrou Sant Ourzal, ni ho ped :
> Roït déomp-ni peb ha greg !
> Aoutrou Sant Ourzal, eur véac'h c'hoaz,
> Roït déomp-ni peb ha goaz !

1532. Nouveau voyage du roi François Ier au Folgoët :
Dom Lobineau en doute ; mais le P. Albert l'affirme, et
peut être cru, cette fois qu'il parle d'un temps plus rapproché du sien : car le P. Albert écrivait en 1580.

1533. Donation faite à la sainte chapelle, par le bon
prêtre Paul Le Saux, des champs qui suivent : 1° Parc an
Ero cam et Parc Corn-all Len, au terroir de Kerinvez, en
Kernilis ; 2° Parc ar c'hilloc, ou le champ du coq, au terroir du Haffond, en Plouguerneau. — Acquisition de trois
autres champs, faite par le Doyen, savoir : Parc an Oguel-
lou, Parc an Atil huélaff et Parc an Atil izélaff, situés au
terroir du Ruat, en Ploudaniel.

1535. Nouveau Doyen du Folgoët, François du Faou.

1536. Double donation faite à la collégiale par M^e
François Richard, protonotaire du Saint-Siége apostolique,
grand archidiacre et chanoine de Léon, 1° de 12 liv., 2° de
32 écus d'or de rentes, assises sur le manoir de la Vigne,
en Guissény.

1539. Le Doyen de cette collégiale assiste à la Réformation de la très-ancienne Coutume de Bretagne, avec
messire Gilles Godec, procureur des chanoines de Lesneven, et messire Alain de la Bouëxière, docteur en droit,
sénéchal de la dite ville et procureur du Roi en la chambre

des comptes de cette province. « La Réformation fut tellement courue, dit d'Argentré, « qu'il semble que Messieurs les
» réformateurs n'avaient pas quitté l'étrier : *Pedem habentes*
» *in stapiâ.* » — Les Balaznant reconnaissent devoir à la
sainte chapelle une rente d'un boisseau de froment, à prélever, tous les ans, sur Parc ar Groaz, à Lesneven, rue de
Ségalen.

1540. Guillaume de Kerlezroux est élu Doyen.

1544. Jean de Gouzillon le remplace. A sa mort, le
doyenné tombe en régale.

1547, mois de novembre. Lettres d'érection de foires
au Folgoët, pour les 5 mars, 29 août et 9 septembre de
chaque année ; foires qui devinrent des plus brillantes :
on s'y rendit de toutes les régions, même les plus éloignées : *Eccè enim alienigenæ et Tyrus et Populus OEthio-
pum, hi fuerunt illic...* Comme au temps des Patriarches,
on y dressait les plus belles tentes pour y recevoir digne-
ment ces étrangers : « O pavillons de Jacob ! ô tentes
d'Israël ! » *Quàm pulchra tabernacula tua, Jacob, et ten-
toria tua, Israël!* Numb., c. 24, ꙮ. 5... Que de livres, que
de meubles, que d'objets précieux nous sont venus de ces
contrées, par l'entremise du Folgoët !

1548. Nouveau Doyen, Jean Postel, petit-neveu de Guillaume, qui aurait pu voyager dans l'ancien comme dans le
nouveau monde, puisqu'il avait possédé toutes les langues,
tant mortes que vivantes.

1553, 9 juillet. Confrérie établie dans l'église du Folgoët
par Henri II, qui s'en déclare le roi, et en assure le titre à

6˙

quiconque devra le remplacer dans cette dignité (1) : d'où
la dénomination de Roi du Folgoët, qu'on ambitionnait tant
autrefois, et à laquelle la Révolution seule a pu faire re-
noncer

Cette confrérie avait, en outre, divers statuts, d'après lesquels, on ne pouvait inhumer dans l'église que les princes
de la Maison de Bretagne, les Évêques du diocèse et les
Doyens de la collégiale ; mais ceux-ci ont toujours préféré
leur petit enfeu de Lesneven, où, mêlés ensemble, chanoines et doyens, ils espéraient s'en relever un jour, et tous
ensemble louer et bénir le Seigneur.

Ce crypte était placé dans l'église de N.-D. de cette
ville (2) ; église moins belle sans doute que celle du Folgoët, mais plus antique, mais le premier monument consacré à Marie en Léon, et pouvant dire, plus que tous les
autres (3) : « Je me souviens des anciens jours : *Memor
fui dierum antiquorum !* » Ps. 142. — Même année, petit
don à la chapelle fait par Yves Le Douce, prêtre, de 26 s.
3 d. de rente sur maison à Kernec'h, en Trémaouézan.

1554. Autre don par Nicolas Le Roux, sacristain de la
sainte chapelle, de 4 pièces de terre dans Parc Salic, au
village de Kervillar, en Ploudaniel.

1555. Mort du pape Jules III, après avoir attribué à
notre collégiale les indulgences des sept principales églises
de Rome ; en outre, sept années et sept quarantaines d'autres indulgences : ce qui, joint à celles des autres Papes,

(1) *Qui quidem electus, rex vocabitur.*
(2) Église rebâtie en 1111 ; détruite en 1774.
(3) Or, il y en avait environ 65 dans ce diocèse : aussi, le P. Cyrille l'ap-
pelle-t-il la Parthénope Léonnaise.

portait cet ineffable fond de grâces au total de 6,990. —
Mort d'Oliver Richard, natif de Lesneven (1), bienfaiteur
du Folgoët, docteur en théologie, chanoine de Rennes, de
Nantes et de Léon, conseiller au Parlement de Bretagne,
et le Mécène des hommes de lettres de son temps, auxquels
il avait donné de petits soupers, dans le genre de celui dont
parle Eguiner Baron. Ecoutons son récit : *Cænabamus*, dit
ce jurisconsulte, *cænabamus apud hunc hospites aliquot
vini juxtà ac litterarum non imperiti censores. Jubet
hospes servum clàm vinum Clissonicum* (2) *proferre
et dare singulis. Ubi gustatum est, ad nos conversus, qui
ex Andegaviâ recèns adveneramus : cujus vinum istud
est, inquit ? — Nos protinùs : et Andegavicum et nobile
esse uno consensu respondimus, non nescii ejus quod vul-
gò dicitur in vino et in muliere intolerabile mendacium.
— Tùm ille : in agro Clissoniensi natum est mihi, inquit,
ne erretis. — Totus mox consessus ridere quòd decepti
videremur. Nos exclamare : O fortunatos nimiùm Bri-
tannos, qui, cùm cœteris vitæ necessariis abundent ma-
ximè, de vini etiàm gloriâ cum Andegavis dimicare
queant !...* On voit dans la chapelle de Tariec, près Lannilis, le mausolée d'Olivier Richard, sur lequel, revêtu des
ornements de chanoine, ce digne ecclésiastique nous prêche
encore ce qu'il avait prêché toute sa vie, « d'aimer, de louer
et d'honorer Dieu : caret Doe, meli Doe, enori Doe. » C'est
la voix de sa tombe.

(1) Il descendait de Simon Richard, l'un des héros de la bataille des Trente,
capitaine et bailli de Lesneven, de 1350 à 1378. Richard de Lesneven (et pas
de Lesménez), son fils, mourut évêque de Dol, le 20 mai 1405. (V. Vaudoré,
Hist. de Clisson, t. 2, p. 154 et 222). Lesneven a compté plusieurs avocats
de la même famille.

(2) Vin de Clisson, près Nantes.

1558, 11 septembre, naquit au manoir de Coëtjunval, près
du Folgoët, Jean du Louet. « C'estoit un jour de dimanche,
» dit son grand oncle Hamon, c'estoit un premier jour de la
» lune, et sous le signe de Virgo, dont il devoit estre de
» longue vie. » Mais l'oncle s'étant trompé, ajouta, plus
tard, cette remarque : « Et non pourtant, car il mourut en
» l'aage d'environ trente-cinq ans, parce qu'il fut saigné,
» dont n'avoit que faire de saignée... » C'est ainsi que
ledit Hamon du Louet, parlant de ses autres parents, les a
tous mesurés à la lune (1). En cela rien d'étonnant, puisqu'il était de Landerneau.

1560. Jean Eude remplace Jean Postel comme Doyen.
Il arrive ici de Saint-Maurice-de-Carnoët, abbaye de l'ordre
de Cîteaux, dont il était abbé depuis 1557, et dont il con-
tinua de jouir jusqu'en 1578, qu'il céda ce bénéfice à Richard Eude, son frère, recteur de Moëlan, près Quimperlé.
Ces deux Eude n'étaient-ils pas les oncles de Mezeray et
du fondateur des Eudistes ?

1562. Nomination de Rolland de Neufville à l'évêché de
Léon. « Ce prélat, dit le P. Cyrille, eut toujours une dévo-
» tion spéciale à cette excellente maison, y recherchant
» l'assistance du ciel par l'entremise de la Vierge Marie. »

1565. Vente par le Doyen de diverses petites propriétés
de la chapelle, pour une somme de 245 liv.

1568. Nouveaux chanoines, Auffroy de Kermenguy et
Yves Le Bars.

1570. Autre vente du convenant Enez-Penarpont, en
Elestrec, à Benoît du Boys, châtelain du manoir de Keran-

(1) Mém. msc. de P. et H. du Louet.

naouët, près Saint-Renan, manoir pierreux, rocailleux, où le soc de la charrue s'effile souvent en alène :

> Er maner à Guerannaouët ,
> Hé za ar zouc'h da vinaouët.

Cette vente était faite, à la charge de 12 boisseaux de froment, d'un double ducat d'or à deux têtes et de 20 sous de rente censive à N.-D. du Folgoët.

1571. Fondation des orgues, faite par la maison du Poulpry, « avec une rente de 200 liv. pour l'entretien d'icelles. » Premiers organistes, Yves Denyel et Didier Abaziou, chanoines.

1574. Autre chanoine, missire Guillaume Kerdoncuff, qui donne 40 s. 6 d. monnaie à la sainte chapelle.

1575. Missire Grégoire Nicolas est nommé Doyen. — Nouvelle vente de biens pour une somme de 505 liv. 6 d.

1584. Donation de Liors Kerléau, en Kernouëz, faite par Jean Cabon, exécutant, en cette partie, les dernières volontés de Marguerite Rouel, sa mère. — Autres chanoines de 1584 à 1590 : Yves Mazéas, Guillaume Calvez, Guillaume Kerbrat, Guillaume Queré, Goulven Symon, Hervé Marchalant, Bernard Olifant, Alain Le Guen, *Alanus Albus* vel *Candidus*, prêtre de Ploudaniel, et depuis curé de Trémaouézan. Il avait eu pour disciple le bienheureux Michel Le Nobletz, qui appelle le temps qu'il avait passé sous ce maître habile son âge d'or, *ætatem auream*, « quoique Ploudaniel fust alors si meschant et si barbare, » qu'il sembloit qu'on y estoit logé parmy les Egyptiens ou » parmy les Turcs (1). » Aussi, le saint homme défendait-

---

(1) Vie msc. de M. Le Nobletz.

il, plus tard, à son disciple bien-aimé, le R. P. Julien
Maunoir, d'aller à Ploudaniel : Gadari, né za quet da Plou-
zéniel !

Cependant, cette paroisse avait pour recteur, à cette époque, messire Alain du Poulpry, seigneur de Lanvengat et
de Trébodennic, conseiller au Parlement de Bretagne (1),
de plus chanoine et archidiacre de Léon, et qui, nommé,
en outre, Doyen de la collégiale du Folgoët, en 1591, en-
rôla, l'année suivante, tous ses collègues de la sainte chapelle dans la confrérie de sa chère paroisse ; « confrérie
» instituée, est-il dit, en ladite paroisse de Plouedanyel, en
» l'an 1592, par le bon advis et conseil de plusieurs bons
» personnages, tant prestres qu'autres, et, par exprés,
» de noble et venerable messyre Alain du Poulpry, rec-
» teur de la dicte paroisse, tant pour augmenter l'hon-
» neur et la gloire de Dieu, que pour continuer une in-
» violable amityé et dilection fraternelle entre tous ceux
» qui se vouldront faire inscrire et enroller en icelle con-
» frerie, d'aultant que c'est chose seante et louable, com-
» me dict le Psalmiste, *habitare fratres in unum*, et
» juxtà illud Sapientiæ : *funiculus triplex difficile rumpi-*
» *tur, fortis enim ut mors dilectio*, et id cujusdam poëtæ
» dicentis :

Errat qui finem vesani quærit amoris
Verus amor nullum novit habere modum.

Le but de cette pieuse association était de faire célébrer

(1) Omis sur la liste du Parlement : car l'Alain du Poulpry qu'on y men-
tionne n'était que le neveu du Doyen. Le Doyen mourut en 1596, et son neveu
en 1601.

un service particulier, au décès de chacun des confrères,
et puis un service solennel tous les ans, à chaque premier
jeudi du mois d'août, « à l'intention de toutz les confrères
» tant vivantz que trespassez. »

1592. Don par René de Rieux, marquis de Sourdéac,
seigneur d'Ouëssant, gouverneur de Brest, « d'une ymaige
» de la glorieuse Vierge Marie, de bon et fin argent du
» poids de 13 marcs, et d'un grand tableau enrichy d'or
» et d'aultres peintures, où est pareillement l'ymaige de
» lad. Dame et Vierge, pour estre mis sur le grand autel
» de la dicte église, ou en aultre lieu commode et conve-
» nable. »

1593, 3 mars. Sauvegarde accordée par le duc de Mer-
cœur à la sainte Basilique, sous peine de » punicion sy
» prompte et sy rigoureuse, dit l'acte, qu'elle doive servir
» d'exemple aux aultres. » — Le 8 du même mois, fondation par le Doyen du Poulpry, 1° de deux nouveaux chanoines, « lesquelz seront prestres, versez tant en musique
» qu'en leur plain-chant ; » 2° d'une grande messe, tous
les samedis, sur le grand autel de l'église ; assurant à ces
deux fondations 66 écus et demi sur ses métairies de
Brézéhen et de Kerdoher, ou de Ville-Maigre (Ker-toc'hor),
en Elestrec, et sur le petit lieu de Kervillar (1), en Ploudaniel. Cette fondation de deux nouveaux chanoines fut l'origine de nos Prébendes du Folgoët, dont nous parlerons
plus tard.

1594. Autre fondation par le même Doyen d'un service,
à célébrer, chaque mercredi de la semaine, sur le grand

(1) On écrivait Kerquiller, en 1292. V. D. Mor., Pr., t. 1er, col. 1100-1101.

autel de l'église, à laquelle il lègue, à cet effet, une rente
de 32 écus, ou 96 liv., assise sur le lieu de Penarc'hoat,
en Lesneven. — 8 août de la même année, assemblée
des Notables de Léon au Folgoët pour y reconnaître
Henri IV comme roi légitime et comme roi catholique de
France, « promettantz de le servir de leurs personnes et de
» leurs biens avec la mesme foy et la mesme fidelité qu'ilz
» avoient faict aux aultres roys ses devanciers. »

1595, 17 janvier. Grande messe du Saint-Esprit, fondée
dans la même église par le marquis de Sourdéac, tous les
dimanches, à neuf heures du matin, « durant la vie du dit
» sieur fondateur, en son intention et en celle de la dame
» sa compaigne, leurs enffantz et successeurs... Et aprez
» le decez dudit seigneur, à estre dicte, une foys la sep-
» maine, à jamays. » Pour cette fondation, le seigneur de
Sourdéac donna une somme de 500 écus, qui a été depuis
employée dans l'acquisition du lieu d'Enescadec, en Plouguerneau. — Nouveaux chanoines : Yves Grall, Yves Le-
hir, Yves Milbéo, Alain Kerbrat et Michel Mathei, grand
chantre, dont le nom annoncerait quelque Orphée d'Italie,
si nous ne savions que ce chantre était tout simplement le
neveu d'Hervé Mathei, sieur de Kerantufin, vicaire de Lesneven, prêtre, dont la signature se trouve sur les plus anciens registres de notre ville, de 1545 à 1550 : *H. Mathei
baptisavi.*

1596. Décès du Doyen du Poulpry. Le Roi lui donne
pour successeur messire Jacques Barrin, qui, à peine nommé, se démet de sa charge en faveur d'Isaac Foucquet, son
cousin, sieur de Nanterre, chanoine de Saint-Martin de

Tours, et fils de Christophe Foucquet, comte de Chalain, et d'Elisabeth Barrin. Isaac était, en outre, frère du fameux Surintendant, encore bien qu'il n'ait jamais voulu s'en vanter (1).

1597. Images en cire de Saint-Pol-de-Léon et de Morlaix, envoyées au Folgoët, en actions de grâces de la cessation de la peste, qui avait moissonné 1,300 personnes dans la dernière de ces villes. — Même année, institution de la procession générale à N.-D. du Folgoët, au 15 août, jour de l'Assomption, déclarée obligatoire pour toutes les paroisses de Léon par Monseigneur Rolland de Neufville : admirable pontife, qui avait fait placer, et comme semer dans les chemins et les carrefours de son diocèse un grand nombre de croix, et engagé ses diocésains à orner les façades de leurs maisons de statuettes, d'images saintes, particulièrement de celles de la Mère du Sauveur. En passant devant ces pieux objets, les hommes se découvraient, les femmes faisaient le signe de la croix ; quelques-uns s'agenouillaient et se reconfortaient d'une prière. On retrouvait la même dévotion dans tous les rangs de la société, chez les grands seigneurs, comme chez les plus simples bourgeois ; dans l'armée, comme parmi les laboureurs. Le marquis de Rosmadec et le bon paysan Christophe Abgrall ne traversaient jamais les rues de Morlaix sans y saluer les images de Marie, qu'on y rencontrait partout.

1598. Procès-verbal des effets d'attache à la chambre de la reine Anne, à l'hôtel des Pélerins : c'étaient ceux qui avaient servi à cette princesse, en 1499 et 1505 ; princesse

(1) Note msc. de M. Desnos des Fossés.

7

adorée, princesse dont le nom est aussi populaire en Bretagne que celui de Henri IV en France ; mais aussi elle
avait tant aimé cette chère Armorique ; elle en avait si
souvent répété le doux nom !

O mon pays! ô mes amours!
Toujours !

Même année : fin de la Ligue ! Honneur au marquis de
Sourdéac, qui avait sauvé l'église du Folgoët, et sauvé son
trésor pendant les troubles !

1599, le 8 septembre. Une circonstance aussi étrange
qu'édifiante, vint nous rappeler la Nativité de Notre Seigneur. Il se trouva, ce jour, une telle affluence de peuple
dans ce lieu, que Jean Mahé et Catherine Cadiou, sa femme, n'ayant pu y trouver de place dans une hôtellerie, se
virent obligés de se retirer dans une étable, où Catherine
accoucha d'un fils, qui vint au monde à l'heure de minuit,
comme autrefois le divin Sauveur. On lui donna le nom
de Laurent ; on aurait pu l'appeler Noël. *Hic Laurentius
venit in mundum mediâ nocte Nundinarum Folgoet.
Dùm, ob multitudinem populi, non erat locus in diverso-
rio Mathœi Bornic in burgo de Folgoet, mater dicti Lau-
rentii coacta fuit indè egredi et quœrere aliud hospitium.
Tandem excepta fuit in prœsepio Joannis Stephan et
Mariœ Gartz, virorum magnœ pietatis, ubi mater genuit
hunc puerum : quœ, postridiè, petiit ecclesiam Beatœ
Mariœ de Folgoët, ubi audivit missam ; quâ finitâ, sacer-
dos benedixit hanc mulierem matrem dicti infantis. Indè
venerunt urbem Evenopolim, et in ecclesiâ sancti Michaë-*

lis, circà horàm meridianam, baptisatus fuit dictus
puer...

1600. Nouveaux chanoines du Folgoët : François
Martin, Prigent Ronyant, Louis Kerézéan, Auffroy Méas-
goff, Jean L'hostis et Guillaume Omnès. — Echange entre
le Doyen et Jacques de Tuonmelin, seigneur de la Flèche.
Le Doyen cède à Tuonmelin des Maisons à Kergunic, en
Kernoüez, et Tuonmelin donne au Doyen 14 écus de rente
sur le manoir de Kersec'hen, en Plouider.

1602. Arrêt du Parlement, qui déboute Pierre du Parc,
sieur de Lezerdot, propriétaire du manoir de Guicquelleau-
Marhec, du droit de visite qu'il prétendait obtenir sur les
caves et les celliers du Folgoët, où il voulait exiger un pot
de vin par chaque barrique y logée. Il avait soutenu ce
procès pendant trois ans, sans vouloir en démordre, bon et
malgré les rimes qu'on avait faites contre lui :

> Lezerdot , Lezerdot ,
> Ha té zo sot !
> Ped guir ha pé ,
> Pa n'èn deuz ar Roué ?

« Lezerdot, Lezerdot, que tu es sot ! quel droit tu as,
» quand le Roi même n'a pas ? »

En effet, on a vu toutes les exemptions accordées par
nos ducs à cet égard, en 1432, 1443 et 1444 : et Henri IV
les avait confirmées, en 1599.

1606, 10 juillet. Donation à la sainte chapelle, par le
marquis Sourdéac, d'une croix, d'un calice, de chandeliers
et de burettes en argent, armoriés de ses armes. — Nouveau chanoine, Guillaume Broudin.

1608. Autres chanoines : Alexandre Benault, Jean Le Roux, Paul Cadiou et François Keroullé.

1609. Arrêt de la cour au sujet de la fameuse dîme de Plounéour, et permission au Seigneur Doyen de faire estalonner un boisseau à la mesure de pierre comble de Lesneven, « pour la dicte mesure jeaugée demeurer fixe au » Folgoët. » — « Le mardy de Pasques de la mesme » année fut poyé aux prestres du dict Lesneven, aprez la » procession faicte à la saincte chapelle, 2 pots de vin et 2 » pains, coustant 32 sous. » C'était la collation d'usage tous les ans.

1610. Le doyen Foucquet permute son titre de chanoine de Tours contre celui de Prieur de Lochrist, en Plounévez, que lui cède René du Garreau... Et voilà de la gloire pour le Folgoët, auquel on doit unir bientôt ce même prieuré.

1612. Fondation d'une messe par semaine, à être dite pour le repos de l'âme de Françoise Kervisien, veuve d'Yves Buorz : « Pourquoy elle avoit transporté à la chapelle la » moitié luy afferante dans une tinelle acquise de Jean le » Pape, et nommée la Tinelle Josselin. » — Magnifique procession au Folgoët ; « à ce sacré pourpris où est hanté » ce beau lys des vallées et ceste belle fleur des champs. » Toutes les églises, tous les peuples s'y rencontrent ; une armée sainte, immense, innombrable !

> Né véleur német tud,
> Né véleur német tud !...

1613, 5 février, jour de la mort du vénérable prélat Rolland de Neufville, évêque de Léon, « laissant son eves- » ché sans aucun heretique. » Son épitaphe portait ces

mots : *Misericordias Domini in æternùm cantabo :* « Je
chanterai à jamais les miséricordes du Seigneur. » Psal.
88. Effectivement, il les chantait peu de temps après son
décès, comme nous l'apprend Marie-Amice Picard, de Gui-
clan (1), cette sainte fille, cette fille de la Croix, que le B.
Michel Le Nobletz appelait aussi le Martyrologe vivant,
parce qu'à la veille de chaque fête d'un martyr, elle en avait
souffert tous les tourments.

« Or, un 20ᵉ de juin, rapporte le P. Maunoir, son bio-
» graphe (2), la dite Amice, ayant appris que messire
» Rolland de Neufville avoit esté fort austere en son vivre;
» qu'il estoit grand aumosnier, etc., communia en son in-
» tention dans la cathédrale de St.-Paul. Puis, aprez la
» communion, elle fut ravie en extase : auquel temps, son
» consolateur, qui estoit S. Jean l'Evangeliste (3), luy dit :
» vous pouvez bien croire que Rolland de Neufville pos-
» sede la gloire eternelle. Elle vit effectivement alors ce
» saint evesque en un beau lieu fort haut, ayant plusieurs
» autres au dessus de luy. Ce prélat se tourna vers elle
» avec une inclination celeste, et luy dit : C'est moy
» Rolland de Neufville, quy ay esté, dans mon temps,
» evesque de Leon, et quy le suis encore ; car, bien que je
» n'en exerce pas les fonctions corporellement, je les
» exerce spirituellement. Il dit cela d'un visage doulou-
» reux, combien que ce fust avec une grande serenité. En-

(1) Y née au lieu de Kergam, qui est la dernière maison de cette paroisse,
du côté de Guimilliau.
(2) Vie msc. d'Amice Picard.
(3) « Le Sauveur avoit donné à Amice le mesme gardien qu'à sa mere,
lorsqu'il fut prez d'expirer sur la croix. » S Jean parlait toujours à Amice
en bas-breton. En entrant, il la saluait de cette manière : *Peoc'h Doué en ty
man ! Pax huïc domui !*

» suite, se détournant vers elle, il ajousta : Ma chere fille,
» endurez vos peines avec patience, et priez Dieu pour
» vostre Evesque et pour les autres Messieurs qui ont soin
» de vous : car vous estiez une pauvre ouaille esgarée, et
» ils ont quitté toutes choses pour vous assister et mettre
» vostre ame en sureté. Lors, rejoignant les mains et regar-
» dant en haut, il reprit : Offrez-les, ma fille, offrez-les
» à Dieu, et je les offriray aussy à sa Divine Majesté,
» à ce qu'elle leur donne la grâce de faire leur devoir
» mieux que je n'ay fait le mien, combien que je sois
» dans la gloire, sans l'avoir merité. »

1614. Christophe Luzinec, maître orfèvre à Lesneven,
y exécute, avec un rare talent, l'image de l'église du Folgoët en argent massif.

1615. Processions au Folgoët, et processions un peu
partout dans cet évêché de Léon. Lesneven, entre autres,
partait, tous les matins, avec ses croix, ses bannières et
tous ses habitants, pour les églises et les chapelles les plus
éloignées, telles que celles de Berven, Bodilis, Lanbader,
les Anges, Saint-Renan, Trezien, etc. (1) Ces fêtes, toutes
pieuses qu'elles étaient, ne se passant pas sans désordres,
Monseigneur de Rieux, évêque du diocèse, les défendit :
Ne in his processionibus, disait-il, *quas sæculorum pietas,
propitiando numini adinvenit, tumultibus omnia mis-
ceantur, rixis ac ebrietatibus vicina circùm rura in-
fremant.*

1616. Dépôt dans la sainte chapelle du cœur de dame

(1) On lit dans les comptes de Saint-Michel de Lesneven : « Payé 5 sous à
Gueguen pour avoir porté la croix et la banniere à Brendaouez, où alla la
procession, le 23 juillet 1625. »

Suzanne de Saint-Mélaine, épouse du marquis de Sourdéac, et mère de l'évêque diocésain. — Legs d'une rente de deux boisseaux de froment sur le lieu du grand Rumorzol, en Kernoüez.

1619. Testament de Marguerite Léon, veuve de Jacques Cueff, de Loc-Brévalaire, léguant 30 s. à la sainte chapelle. — Nouveaux chanoines d'icelle : Maurice Traonoüez, Olivier le Bras, Jean Urvoüatz et Rolland Henry, sacristain, prêtre du plus haut mérite : *Hic Rollandus Henry præsbyter Trecorensis, mystagogus, sive sacrista eximius in ecclesiâ collegiatâ Beatæ Mariæ de Folgoët.*

1620. Les Jésuites, s'étant établis à Quimper en 1619, arrivent au Folgoët pour se recommander à la Mère de Jésus, à la Reine des Anges, à la Reine de tous les saints, Michel Le Nobletz n'ayant pu les y rencontrer, comme il en avait eu le désir, leur écrit ces lignes délicieuses : « Je vous salue, ô mes Peres et Maistres d'armées, et » prie Dieu de vous donner consolation et courage dans » vez contradictions. Je vous supplie de prier pour le salut » de mon ame. Adieu donc, Soleils de justice, de science » et de piété, *Pax vobis.* »

1621. Procez-verbal de jaugeage d'un boisseau pour la recette de la fameuse dîme de Plounéour. — Sentence de la Cour de Lesneven, prouvant que le boisseau à la mesure du Folgoët vaut un boisseau et demi de Lesneven. — Défenses de se servir d'autre mesure que de celle jaugée : *Fur qui contrà !*

1622. « Donation faite par le seigneur marquis de » Rosmadec et de Molac de 36 liv. de rente, à prendre sur

» le lieu de Lesfrétin , en Plouider , pour l'entretien de la
» lampe allumée , jour et nuit , devant l'image de N.-D. ;
» rente quitte de toute charge, excepté d'un denier par an,
» payable le 8 aoust , pour mémoire que ladite donation
» estoit provenue de la maison de Rosmadec. » — Et le
» dit marquis reluysoit comme sa lampe , et reluysoit
» parmy les plus grands et les plus relevez de ce pays ,
» comme l'opale entre toutes les pierres précieuses. »

Même année , mort de trois anges du Folgoët :

1° De Marie Bescond , *Mulier bonis moribus ornata,
non sine maximo bonorum luctu fatis amaris recepta :*

> *Dormit in hoc tumulo muliebris gloria turbæ,
> Quæ sacrum Mariæ nomen adepta fuit.*

2° De Marguerite Balcon , *Vitæ et morum spectatissima
mulier, ac virtutibus christianis omnium mulierum suâ
ætate ornatissima.*

3° Du Patriarche Christophe Thomas , mort à 95 ans ,
et digne de plus longs jours , digne même de trois siècles,
si la vie avait pu se mesurer aux vertus :

> *Vir bonus ipse fuit , tria sæcula vivere dignus ,
> Si meritis posset longa petere dies.*

1624. Le R. P. Albert Le Grand se rencontre au Folgoët
avec l'abbé Rolland Henry , dont il a fait mention dans sa
légende de S. Tanguy : « Ceste vie, dit-il , a esté par nous
» tirée d'un vieil Legendaire manuscrit qui nous fut com-
» muniqué par le sieur sacristain de l'Eglise collégiale de
» N.-D. du Follcoat en Leon , en 1624. »

1625 , 30 mars. Fondation à Lesneven d'un couvent de
Recolets. Ces bons pères devinrent les prédicateurs-géné-

raux de la sainte chapelle (1), et leur éloquence sage et mesurée fit sur le peuple plus d'impression que la faconde bouillante de certains orateurs, qui, dans ce temps même, disait l'évêque de Rieux, semblaient vouloir verser sur les fidèles, comme sur autant d'ennemis, des torrents de fureurs : *Qui ideò dicere ambiunt, ut stomachum, quem exœstuantis animi furor accendit, hunc in hostes omnem effundant.*

1627. On tremblait alors au Folgoët, la peste décimant la ville de Lesneven (2). « En effet, Dieu avoit visité ceste
» ville avecq si grand nombre de pestiferez, qu'on avoit
» esté contraint de deloger les pauvres de l'hospital pour
» y faire place aux dits malades, sans que, toute fois, on
» eust désisté d'assister lesd. pauvres en une maison ap-
» partenant au sieur du Menmeur Gourio, en la rue du
» Maczon, où ils avoient esté nourris pendant le cours de
» la contagion. » — Testament de nobles homs Jean de Penfeunteuniou, du manoir de la Haye, en Saint-Divy, léguant 6 sous à la sainte chapelle... Deux mois après, on pleurait Bélégou :

Concessit fatis Guillermus nuper acerbis
Belegou, tristis quem mea Musa dolet.

Autres décès de pieux paysans, bons amis du Folgoët, savoir : Le 31 janvier 1628, la grand'-mère Garzuel, *Avia comis et serena,* pleurée de tout le monde, louée de son curé :

Cum genibus Rector flexis, pro Manibus orans,
Spiritus ut quietâ pace fruatur. Amen.

(1) On appelait ainsi les prédicateurs d'une communauté pendant l'année.
(2) Aurait-elle quitté Plouescat pour venir à Lesneven ? Elle avait affligé ce bourg, du 24 août 1626 au 4 avril 1627.

Noël Rochou , mort le 17 mai de la même année :

Nomine Natalis, cognomine Rochou vocatus
Rupe sub hâc durâ clausus et in tumulo.

Et le pieux Jehan Corre , mort le 19 Avril , si mûr pour le ciel , qui l'a reçu dans son sein :

Qui situs est Janus, dictus cognomine Corrus,
Elysiumque petens umbra beata nemus.

Et le digne Fanch Cozen , et la jeune et intéressante Catherine Berder , décédée le 8 Septembre 1630 « n'ayant vécu , comme les roses , que l'espace d'un matin :

Fœmina cara Deo , muliebris gloria sexûs ;
His tumulus tegitur, lector amice, rosis.

1630. Isaac Foucquet avait résigné ses titres de doyen du Folgoët et de Prieur de Lochrist à Robert Cupif , son cousin , et le cousin de bien d'autres Foucquet , voire même le beau-frère de l'un d'eux , puisque Christophe Foucquet , IIIe du nom , avait épousé Marie Cupif , sœur dudit Robert.

Sous Cupif, nouvelle ère pour le Folgoët; restaurations, embellissements à l'Eglise ; « Reparations y faites faire » par le peintre Alain Cap sur et autour des vitres, aux frais » des seigneurs preeminanciers. Et tant d'autres belles » choses ! Sy qu'on pouvoit bien dire que , sous le dit » doyen . l'Eglise avoit brillé comme le soleil :

Folgoëtana Domus, duce Virgine , furgit ad astra ,
Splendet et auspiciis , magne Decane, tuis !

1632. Nouveaux chanoines : Hervé Cloarec, Noël Rou-

dault, Hervé Dényel, sublime organiste du Folgoët (1) :
*Hic organista sublimis, hic in augustâ Folgotensi
œde præbendarius.* — Publication du *Sommaire des
Indulgences*, rédigé par missire Jean Guillerm, vicaire-
général de Léon.

1633. La foudre endommage l'Eglise et son clocher ; le
doyen les répare, et la flèche immortelle s'élance encore
vers les cieux :

> *Fulmen abit, sublime Domus levat ardua culmen,*
> *Immortale sacrá sede reconde decus!*

Lezerdot revient sur son ancienne affaire, perd son
procès, et la cour lui défend ses visites rêveuses au Folgoët, « sous peine de 500 liv. d'amende. » On lui rappelle
aussi les rimes de l'an 1602.

Autre procès ! Les riverains du chemin de Lesneven au
Folgoët ayant négligé de réparer cette route, aux termes
de l'arrêt du Parlement du 16 août 1629, une sentence
les y condamne, et même ordonne que « les terres adja-
çantes seront saisies en la main du Roy, pour les fermages
en être employés aux dites réparations. » — Commentaire
du doyen Cupif sur l'*Origine, bulles, statuts, indulgences
et miracles de la tres saincte et tres devote chapelle de N.-D.
du Folgoët, de fondation ducale ;* manuscrit précieux,
dont il ne reste que le titre : — Décès de Marguerite Le
Nobletz, sainte fille, sœur du B. Michel ; prières pour elle à
la chapelle ; son éloge fait par son frère : « Sur le compte
» de ma sœur Margarite, dit-il, c'est par son support
» qu'elle s'est entretenue au service de Dieu ; c'est par sa

(1) Mort recteur de Saint-Renan, le 29 septembre 1667.

» prudence que toute sa famille est augmentée en honneur
» et en paix. Je puis dire d'elle *Omnis omnibus facta est*:
» Partant, je désire, après sa mort', luy rendre quelques
» louanges et actions de grâces, luy disant comme saint
» Augustin à Céleste : *Mutuam tibi charitatem libens*
» *reddo, gaudensque recipio; quam recipio adhùc repeto;*
» *quam reddo adhùc debeo.* Or, n'estant pas suffisant
» pour satisfaire à tant d'obligations, je demande vostre
» ayde pour la louer après sa mort, et vous supplie de
» prier Dieu pour elle. Ainsi soit-il. »

1634, 21 février. Création d'une nouvelle Prébende par
le sacristain Henry, qui affecte à sa pieuse fondation des
rentes constituées, assises sur le lieu de Kerverven, en
Plounéour, et la moitié de la Tinelle Josselin, au bourg
du Folgoët, qu'il avait acquise de M⁰ Yves Urien, en 1631,
et dont l'autre moitié avait été déjà léguée à la chapelle par
Françoise Kervisien, en 1612. — Requête contre Guy
Le Roux pour avoir débité du vin au Folgoët, sans la
permission du seigneur doyen. — Nomination de François
Caradec à la place de maître de la Psalette : *Magister
Psalettæ sanctæ capellæ regalis Dominæ Mariæ de Folgoët.*
— Autre chanoine, Nicolas Le Borgne. — Le 8 novembre,
Publication du *Dévot Pelerinage de N.-D. du Folgoët*, par
le P. Cyrille Le Pennec, religieux des carmes de Saint-
Paul-de-Léon, frère de Missire François Le Pennec, vicaire-
perpétuel de Lesneven. Morlaix, Mathurin Despancier,
in-18 ; œuvre charmante de style et de pensée (1). Elle

(1) Nous en avions publié un précis avec des Notes, à Rennes, chez M˪˪ᵉ
Vatar-Jausions, 1825, in-18 de 40 p. ; et, plus tard, nous avons réédité l'ou-
vrage entier, avec une première notice, dans notre édit. d'Albert Le Grand.
Brest, M. Anner, 1837, in-4⁰, pp. 73-114.

était dédiée au célèbre doyen, dont le règne au Folgoët, à raison de son éclat, mérite d'être appelé le siècle de Cupif.

Tout alors se trouva au complet dans l'auguste basilique ; tout y fut brillant, resplendissant. Le clergé y comptait six chanoines, trois prébendiers, un doyen, un sous-doyen, ou vice-gérant, un pénitencier, un théologal, un prédicateur, un grand-chantre, un maître de psalette, un sacristain, un organiste, un trésorier, tous prêtres. tous chanoines, suivis de grands et de petits choristes, de chantres, de bedeaux.

Un mot sur ces différentes dignités.

1° Les chanoines et les prébendiers devaient répartir entr'eux les diverses fonctions qu'on vient d'énumérer : Ils cumulaient. Le doyen et les chanoines avaient été nommés par le duc, du temps des ducs, et par le roi, du temps des rois. Les prébendiers, au contraire, avaient reçu leurs provisions du doyen du Poulpry et du sacristain Henry, leurs fondateurs.

Ces deux ordres de chanoines étaient institués aux mêmes charges, c'est-à-dire qu'ils concouraient ensemble aux différents services de la Collégiale ; mais les chanoines ducaux participaient exclusivement aux rentes fondées par les ducs en leur faveur, et les chanoines prébendiers touchaient seuls aussi les rentes affectées à leurs prébendes privatives. Puis, venaient en commun et partageables par têtes les honoraires des messes et le produit des dons, des oblations et des fondations : ce qui formait, pour les uns comme pour les autres, la meilleure branche de leurs émoluments.

2º Le Doyen, *caput capituli, caput insigne insignis ec-clesiœ,* était un petit roi dans sa ville du Folgoët ; roi sur les habitants , le hôteliers, les aubergistes ; roi sur les étrangers, les voyageurs et les pélerins ; puissance entière de justice et de police à leur égard. Ses huissiers et ses gendarmes étaient les sires de Coëtjunval, qui s'y étaient soumis par vœu d'humilité ; il leur disait : « Marchez ! » et ces Messieurs marchaient (1) ! Comme ils couraient dans nos foires, avec leurs grandes hallebardes !...

Cette puissance du Doyen lui avait fait donner le titre de Primat, *Primarius, Primicerius, Primas.* Or, le Primat du Folgoët jouissait d'une grande considération dans l'E-glise de France. Nous verrons des évêques ambitionner ce titre, et le porter avec honneur.

3º Le Sous-Doyen, ou vice-gérant exerçait les fonc-tions de Doyen, lorsque le Doyen était absent. « Hors ce cas, disait Cupif, il n'en avoit mesme pas l'ombre. »

4º Le Pénitencier avait le droit d'absoudre de certains cas de conscience : Cupif les a comptés.

5º Le Théologal expliquait l'Évangile et prêchait quel-quefois. De toute nécessité, il devait être docteur en théologie.

6º Le Prédicateur fournissait les stations de l'Avent et du Carême. Nous n'en connaissons qu'un seul pour le Folgoët, Ciceron-Bottorel, dont le nom était pourtant fort peu cicéronien : *Clarus, eximius concionator* (2).

(1) Il est vrai de dire, pourtant, qu'ils se faisaient remplacer par les servi-teurs de leur maison.

(2) Cet Hervé Bottorel était, de plus, prieur-recteur de Ploudiry, bénéfice qui lui valait 3000 liv. par an : ce qui devait l'aider à faire de l'éloquence.

7° Le Grand-Chantre était le roi du chœur :

Le chantre aux yeux du chœur étale son audace,
Chante les *oremus*, etc.

8° Le Maître de Psalette formait les jeunes choristes au chant, à la rubrique.

9° Le Sacristain avait la garde et le soin des ornements et des vases sacrés. Il était à la nomination du Doyen. On l'appelait *ædilis, ædituus, æditimus*.

10° L'Organiste : *organista folgotæus, folgoëtus, folgotinus, folgotensis*. On en a vu jusqu'à deux ensemble, un prêtre et un laïque.

11° Les Choristes, nommés aussi par le Doyen, se divisaient en grands et en petits : les grands étaient des prêtres, et les petits des enfants aidant aux offices et répondant aux messes.

12° Le Trésorier. Un seul nous est connu : c'était Hamon Carnec, dont nous avons déjà fait mention, et qui remplit cette charge, « tant o temps que messire Jehan Kergoal estoit » Doyen que dempuix et amprez. » Effectivement, Carnec vivait, que dom Jehan n'existait plus, en 1431 et 1435. Que reste-t-il aujourd'hui du trésor du Folgoët ? une chambre vide, avec sa porte bardée de fer.

1635. « Don fait à la même église par ecuyer Jean de Partevau et demoiselle Louise de Kerret, sa femme, sieur et dame de Porsposven, et ce d'une belle lampe d'argent et de 6 liv. de rente pour l'éclairage d'icelle, pendant le jour et la nuit ; la dite rente assise sur le lieu noble des Salles, en Lampaul-Guicmilliau. En retour, les chanoines leur cedent une arcade, ouverte dans le mur qui fait partie de la

closture du chœur, du costé de l'Epistre, et la plus rappro-
chée de la porte par la quelle on entre dans le dit chœur,
avec faculté d'y graver en plain ou de relever en bosse
leurs armes dans l'écusson qui est dans la dite arcade (1) :
comme aussy de faire placer un autre écusson dans la
niche armoyée de leurs armes, et d'y mettre un accoudoir
de la longueur et largeur d'une belle pierre tombale. »

Et voilà les deux fondations de lampes faites dans l'auguste basilique, celle de Molac et celle de Partevau, l'une
inspirée par l'autre : *Gric da Molac !*

1636. Anne d'Autriche, femme de Louis XIII, se recommande aux prières de N.-D. du Folgoët, et, par une
grâce toute spéciale du ciel, elle en obtient un fils, qui,
plus tard, est devenu le monarque par excellence du monde,
celui que toutes les nations, sans le nommer, ont appelé le
Roi : c'était Louis XIV.

Chanoines distingués sous Cupif : 1° Yves Pencrech (2),
réunissant les deux qualités de théologal et de pénitencier :
*Yvo Pencrech, presbyter, theologus et pœnitentiarius
Divæ Mariæ*; 2° François Coroller, prieur de Brest, décédé
en odeur de sainteté (3) ; 3° Sébastien Dottoux, surnommé
l'Ami de l'Enfance, et qui avait toujours eu sur les lèvres
ces paroles si douces du Sauveur : «Laissez venir à moi les
» petits enfants, ne les éloignez pas... Les enfants ont des
» anges préposés à leur garde... Tout ce que vous ferez

---

(1) *D'azur, au chevron d'argent, accompagné de deux étoiles en chef et d'un
croissant en pointe, le tout de même.*
(2) Il signait toujours ainsi : la vie de M. Le Nobletz a donc eu tort d'é-
crire Pencré, p. 294.
(3) Le 11 mars 1670.

» au moindre de ces petits, qui sont mes frères, c'est à
» moi que vous le ferez. .»

1637. Robert Cupif est nommé à l'évêché de Léon, va-
cant par la déposition de Monseigneur René de Rieux, qui
s'était dévoué aux malheurs de la reine-mère Marie de Mé-
dicis, veuve de Henri IV, morte depuis, à Cologne, dans
l'extrême indigence.

1640. Tout l'évêché de Léon se trouvait alors au Folgoët, l'évêque-doyen y faisant sa résidence habituelle ;
« y estant prosterné, soir et matin et à toute heure, en ce
» royal oratoire. » Le 11 janvier de l'année suivante, ce
prélat faillit être noyé dans l'étang du Ménec, d'après la
tradition et la vie de Marie-Amice Picard : « laquelle
» Amice, dit le P. Maunoir, vit en extase Monseigneur
» Robert evesque de Leon en danger d'estre noyé prés du
» Folgoët. Les malins esprits, s'apparoissans en diverses
» formes, luy dirent qu'à cause d'elle ils alloient le noyer,
» et le saint Consolateur de la rassurer, en luy disant que
» Dieu avoit mis l'evesque hors de danger, à cause d'elle.»
Cette sainte fille eut une autre révélation, en 1642 :
« Le jour de la dédicace de l'église de Saint-Paul-de-Léon,
» le 2 juillet, elle vit la gloire du Paradis, et dans ces
» lieux des personnages si brillans, qu'ils esblouissoient
» les yeux et s'inclinoient majestueusement devant la face
» de Dieu. Son Consolateur luy dit que c'estoient les eves-
» ques de l'eglise cathédrale de Léon qui benissoient le
» Seigneur, le jour de la dedicace de leur église (1). Dites,

(1) Amice avait également vu dans la gloire Monseigneur de Vilazel, évêque de Saint-Brieuc, mort le 1er juin 1641.

8

» ajouta-t-il, dites à Monseigneur de Leon, vostre prelat,
» et à ceux qui l'assistent qu'ils prennent courage, et qu'ils
» possederont la mesme place... » Quelle heureuse prédiction pour Monseigneur Cupif et pour tout son cha-
pitre !... Ses assistants du Folgoët n'avaient-ils pas aussi
leur part dans ce bonheur promis ? — Nouveaux chanoines
en 1642 : Yves du Halgoët, Pierre Yven, René Haiglon,
Hervé Bottorel, l'éminent orateur.

1644, 4 avril. Mort d'Alain Cap, le génie-verrier du Folgoët, son Raphaël, son Michel-Ange... Né à Lesneven, en
1578, Cap s'était marié deux fois, et avait eu quatre enfants, dont l'un nommé Guillaume et l'autre appelé Rolland. L'aîné avait travaillé avec son père, et l'on trouve sur
nos registres de Saint-Michel « qu'en 1631 il avoit esté
» payé audit Alain Cap une somme de 114 liv., pour avoir
» peint et doré les fonts baptismaux de ceste église, plus
» 12 sous d'Espagne à son fils pour aiguillettes. »

1647. Fondation par messire Prigent Le Ny, seigneur
de Coadélez, d'une messe à chant, à être desservie dans la
sainte chapelle ; affectant à cette fondation le convenant de
Lanvénec, dans la paroisse de Plounévez, et celui de
Créisquer-Quéran dans celle de Treflaouénan. L'acte en fut
reçu par Monseigneur Cupif, qui se trouvait toujours au
Folgoët, et qui aurait désiré ne jamais en sortir ; mais,
hélas ! Monseigneur de Rieux, étant rentré en grâce auprès
du Roy, après de longues années d'exil, vint redemander
son ancien siége de Léon. Cupif, obligé de le lui rendre, et
ne voulant pourtant pas déchoir du rang qu'il occupait
dans l'Eglise, trouva le moyen, Dieu l'aidant à cause de

ses mérites, de permuter son bénéfice du Folgoët contre
l'évêché de Dol (1), que messire Anthyme-Denis de Cohon,
ancien évêque de Nimes, consentait à lui abandonner, pour
venir au Folgoët s'occuper de ses fins dernières : on y fait
si bien son salut ! Car Dieu vraiment est en ce lieu : *Verè
Dominus est in isto loco !* Gen., c. 28, ⋎. 16.

Quel honneur pour le Folgoët d'avoir été ainsi préféré à
l'évêché de Nimes et à l'ancien archevêché de Dol !

1648. Deux nouveaux chanoines : Gabriel Guezet, d'A-
vranches , et Ferréol Galliot , de Rennes ; ce dernier
Vicaire-perpétuel de Lesneven, ville, dont le curé primitif,
depuis l'an 1216, était l'abbesse de Saint-Sulpice, bien
qu'une femme ne puisse pas posséder de cure, ni avoir de
charge d'âmes ; mais c'était un privilége ; privilége inoui
dans l'Eglise, et pourtant reconnu par le pape Jean XXII,
dans une bulle du 25 octobre 1330 (2).

C'est sous le décanat de Monseigneur De Cohon que
moururent, en 1652, le bienheureux Michel Le Nobletz et
la sainte fille Amice Picard (3), ces deux amis du Folgoët,
« quy, souventes fois, y estoient venuz gaigner des par-
» dons et des indulgences où ilz sçavoient que les trésors
» de l'Eglise sont constamment ouvertz (4). »

1653. Fondation par messire Alain de Guer, seigneur

(1) Cupif avait déjà cédé son Prieuré de Lochrist à Yves Fouquet, son
neveu , moyennant une pension viagère de 500 livres.
(2) Cette Bulle étant restée dans l'ombre, un arrêt du Parlement, du 17
Novembre 1681, réforma l'usage et convertit le titre de Vicaire en celui de
Recteur, au profit de messire Jean Laoust, pourvu par la même Abbesse.
(3) Si , dans cet ouvrage , nous donnons le nom de saint à des personnes
d'une grande vertu , ou si nous parlons de miracles ou d'autres événements
extraordinaires , nous protestons ne le faire que selon l'usage reçu dans les
conversations , sans prétendre , en aucune manière , prévenir sur ce point
le jugement de l'Eglise.
(4) Vies msc de M. Le Nobletz et d'Amice Picard.

marquis de Pontcallec, et dame Renée-Françoise de Lannion, son épouse, d'une messe solennelle au Folgoët, le jour de la Nativité de N.-D., au mois de septembre, moyennant une rente de 7 liv., d'abord hypothéquée sur les greffes du marquisat de Pontcallec ; assise, plus tard, sur une garenne, dite Goarem Brénéol, avec un fénier au-dessous, nommé foënnoc Landivern, en Elestrec. — Nouveaux chanoines : Claude Henry, Pierre Le Saulx, Nicolas Keranyéven, Jean Le Goarant et missire Guillaume Lirin, qui fut recteur de Tréflès, paroisse sainte dans l'ancien temps, patrie du prince Ausoche, de la reine Pritelle et du roi S. Judicaël. Encore un mot sur ce lieu saint.

Ausoche avait été un petit souverain de notre Léonie, à une époque, où, suivant les chroniques, la Petite-Bretagne, sans défense, s'était trouvée à la merci d'une foule de petits tyrans, qui avaient pris, dans leurs cantons, les titres de Rois, de Ducs et de Comtes, ainsi qu'ils l'avaient voulu : *Prout voluerant, sese à subditis suis aliquotiès Reges, aliquotiès Duces, aliquotiès Comites in suis territoriis et principatibus, nominare fecerant* (1). Ausoche avait été l'un de ces petits princes (2) ; mais il n'avait pas été tyran, comme bien d'autres ; au contraire, il avait eu beaucoup de douceur, de bonté et surtout de religion. Ses petits états avaient porté trois ou quatre noms pieux, qui n'en avaient cependant fait qu'un seul pour le sens. Les Bretons les avaient appelés, dans leur langue, *Quéménet-Illy ;* l'historien Ingomar *Commendatio-Illy ;* un autre auteur *Lesia,* et S. Prosper *Lesii,* qui avait été le nom du peuple, ou de la

---

(1) D. Mor., Pr., t. 1er, col. 16.
(2) Il était de la race du roi Hispertitus.

petite nation. Enfin, un légendaire s'exprimant, en cet endroit, à la manière des livres saints, qui donnent aux diverses régions du monde le nom d'Iles des Nations, *Insulæ
Gentium*, avait fait aussi deux îles de nos deux petites
contrées de Lésie et d'Aginense : *Lesiam , Angiamque
insulas*. Cette petite Lésie, placée, en effet, comme une île,
au centre des deux archidiacônés de Léon et d'Ack (1),
avait été libre, indépendante de toute domination, autre que
de celle d'Ausoche ; tellement que Childebert l'avait exceptée
de sa propre puissance, en ne donnant à S. Paul-Aurélien,
notre ancien évêque, que les cantons de Léon et d'Ack,
et pas du tout celui de Lésie : *Cui Rex gloriosus Agnen-
sem, Leonensemque Pagos tradidit* (2). Ce n'a été qu'un
siècle après que cette petite principauté, qui avait formé
elle-même un petit diocèse, a été réunie à l'église-mère de
Léon. Ausoche, comme tous nos premiers souverains, avait
habité des châteaux. « Ces princes y avaient vécu, dit le
» vicomte Walsh, d'une façon toute champêtre ; leurs
» sceptres avaient ressemblé à des houlettes de pasteurs ;
» ils ne les avaient déposées que pour prendre l'épée ; l'une

(1) L'Archidiacôné de Léon avait été le plus rapproché de la ville épisco-
pale et s'était étendu , en longueur, de Trégondern à Tréflès; celui de Lésie,
ou d'Illy, placé au milieu , !s'était étendu de Tréflès à Kerlouan, et l'Archidiacôné d'Ack , le plus éloigné, s'était étendu de Kerlouan à Saint-Mathieu-
du-Bout-du-Monde, *Loc-Mazé-Penarbet.*
(2) D. Mor., *ibid.* , col. 191 , et Boll., au 12 Mars. Là se trouve la lettre que
Witur avait écrite au Monarque , et qui commence de la même manière que
nous terminons les nôtres : « Mon Seigneur et mon Roi, je suis votre humble
» serviteur, Witur : *Domine, mi Rex, ego sum famulus tuus, Witurus.* » Comme
cette lettre est une des plus anciennes qui existent dans les Chartes fran-
çaises, il n'y aurait rien d'étonnant qu'on en eût pris cette bonne formule é-
pistolaire, encore usitée de nos jours... Witur avait été le Lieutenant de Childebert en Léon ; il avait bien tendrement aimé ce prince , puisqu'il l'appelle
son doux maître : *Domine , mi rex !* Witur, le pieux Witur avait aussi copié
de sa main , dans son palais de l'île de Baz, les quatre Evangélistes : *Quem
ipse conscripserat Evangeliorum Textum.* Ibidem.

» et l'autre s'étaient bien trouvées dans leurs mains. »
Nous reconnaissons deux châteaux au prince Ausoche, savoir le Porleac'h, dans la commune de Trégarantec ; nous
en avons parlé ailleurs ; et celui de Coatlès, dans la commune de Tréflès ; commune dont le nom dit parfaitement
qu'elle était dans la Lésie, puisque *Tref-Lès* signifie *Tribus
Lesiæ,* et *Coat-Lès, Sylva Lesiæ.* Le château de Coatlès
avait été placé sur une haute montagne, entourée d'une
vaste forêt, en face d'une mer immense ; spectacle imposant, spectacle majestueux, dont Ingomar avait lui-même
été frappé. On voit qu'il avait été là, sur la montagne, en
présence de cette grande mer, lorsqu'il avait tracé les premières lignes de son Histoire du saint roi Judicaël, où l'on
remarque ces mots, qui désignent si bien les lieux : *Auso-
chus... in capite littoris magni, à parte occismorensi, in
Tribu Lesiæ, in confinio Pagi Leonensis* (1), *in Commen-
datione Illy* (2)... Tous ces noms sont empreints d'un caractère religieux : car ç'avait été, d'une part, le Gouverne-
nement ; de l'autre, la Tribu ; de l'autre, la Forêt et le
château de l'Eglise : *Commendatio Ecclesiæ, Tribu Ecclesiæ, Sylva Ecclesiæ* (3) etc. ; parce que ce territoire, avec
ses habitants, avait été consacré, de bonne heure, à l'Eglise,
s'était mis sous sa protection, et s'y était fixé résolument,
comme à la source de tous biens, de toute grandeur, de

(1) C'est effectivement la fin de l'Archidiaconé de Léon et le commence-
ment de l'Archidiaconé d'Illy.
(2) En breton, *Quéménet-Illy*, ou *Ilis*, c'est-à-dire Gouvernement de l'Eglise.
V. D. Le Pelletier, au mot *Ilis* : « Il ne faut, dit-il, chercher l'origine de ce
nom sacré que dans le Grec, d'où nous est venu le Latin *Ecclesia.* »
(3) Kerilien, nom actuel d'Occismor, de cette ville sainte, a la même
origine : il signifie Ville Ilienne, Ville d'Eglise, *Ker-Ilien,* ou *Ker-Ylien*,
comme l'écrit Cassini.

toute félicité. Aussi, avait-on vu fleurir le règne de Dieu dans les états d'Ausoche. Ce bon prince n'avait eu qu'une fille, nommée Pritelle, princesse pieuse, douce, affable, bienfaisante, et d'une rare beauté : *Filiam speciosam, Puellam pulcherrimam*... Recherchée vivement par les jeunes princes de Bretagne, elle avait donné son cœur au jeune roi Juthaël, roi de la Domnonée, et en avait eu plusieurs enfants, dont l'aîné avait été le saint roi Judicaël, né au Porleac'h, ou à Coatlès, où il avait passé ses premières années, sous la direction de S. Goueznou (1). La reine Pritelle, devenue veuve, en 612, était retournée dans la contrée qui l'avait vu naître, l'avait édifiée par de nouvelles vertus, et y avait saintement fini ses jours, vers le milieu du VIIe siècle. C'est peut-être elle qu'on invoque à Tréflès, sous le nom de santez Guentroc, ou Wentroc (2). On lui donne, dans cette commune, les titres de reine et de veuve, et le costume des villageoises du pays : ce qui convient parfaitement à notre princesse Lésienne (3).

Heureuse petite Lésie, qui avait reçu sa foi avant S. Paul-Aurélien, avant toutes les autres peuplades de Léon (4), et qui avait compté, dès le IVe siècle, d'habiles interprètes des

(1) Fragments inédits d'Ingomar, au Cartulaire de Saint-Méen.

(2) Nom, ou plutôt surnom, qui lui est venu de ce qu'au nombre des maladies dont elle guérit se trouve celle des tranchées, ou de toutes autres douleurs violentes des intestins, appelées en breton *Guentr* ; dont on a fait l'adjectif *Guentrec*, *Guentroc*, et par euphonie *Wentroc*.

(3) Les habitants de Tréflès assurent aussi que tous ceux qui ont été baptisés dans leur église sont exempts de la peste, la sainte ayant obtenu pour eux cette insigne bienfait.

(4) L'Evangile y était venu, non par la terre, couverte alors de forêts, mais par la mer, plus libre et plus ouverte, et qui nous transmet toujours les nouvelles, avant qu'elles soient parvenues aux autres régions. C'est ainsi que, dans ces derniers temps, nous connaissions les événements de 1814, lorsqu'ils étaient ignorés du reste de la France.

livres saints : nous voulons parler d'Apodême, d'Algasic, d'Herbidie et du saint prêtre Aléthius.

Apodême était un jeune Lésien, qui avait été doué de qualités bien précieuses, puisque S. Jérôme lui a donné, comme autrefois S. Paul l'Apôtre à Tite, son disciple, le doux, le si doux nom de fils. « Mon fils Apodême, dit l'il-
» lustre docteur, a répondu à l'étymologie de son nom,
» par la longueur de son voyage par mer : car il est arrivé
» près de nous des bords de l'Océan et des derniers confins
» des Gaules ; il a visité Rome sur son passage ; il est venu
» à Bethléem se rassasier du pain de la parole » : *Filius meus Apodemius, qui, interpretatione nominis sui, longâ ad nos navigatione signavit, et de Oceani littore, atque ultimis Galliarum finibus, Româ praeteritâ, quaesivit Bethleem...* Apodême avait été le pieux messager d'Algasic et d'Herbidie.

Algasie et Herbidie avaient été liées entre elles de la plus sainte amitié. Elles avaient demeuré, comme Apodême, leur jeune ami, sur ces derniers confins des Gaules. L'une, Herbidie, avait pris son nom du pays des herbes, ou des pâturages ; et l'autre, Algasie, de la région des algues, ou du goëmon. Sans doute qu'Apodême avait appris au saint docteur qu'Herbidie résidait dans le vieux château de Beuzit (1), près des herbages de la Flèche, et qu'Algasie demeurait au vieux château de Coatlès (2), non loin des algues de la grande mer. Dans notre langue bretonne, nous appellerions ces deux dames Guéodez et Bizinez.

(1) On en voit le monticule sur le bord de la rivière de la Flèche, en Plouider.

(2) Au pied de la montagne de ce nom, où l'on en reconnaît encore les traces.

Persuadées toutes deux que la première science est celle
du salut, Algasie et Herbidie avaient fait leurs délices des
plus saintes lectures, et s'étaient adonnées à l'étude des
livres sacrés avec tant de zèle, que l'on avait comparé leur
pieuse curiosité à celle de la Reine de Saba. Elles avaient
adressé à S. Jérôme, dans sa retraite de Bethléem, et cela
par l'entremise d'Apodême, diverses questions sur l'Ecri-
ture. Algasie en avait eu onze à lui présenter sur des endroits de l'Evangile et des Epîtres de S. Paul : Herbidie lui
en avait proposé douze sur des passages du Nouveau Testament. Le saint docteur leur avait répondu par une seule
et même lettre ; où, tout en les louant de leur zèle, il leur
avait fait un petit reproche, celui de l'avoir envoyé con-
sulter de si loin ; « d'être venues chercher un petit ruisseau,
» lorsqu'elles avaient eu près d'elles un grand fleuve, »
ou bien, « d'avoir préféré l'impureté des eaux de Sihor à
» la netteté de celles de Silhoé. Enfin, ajoutait-il, je ne
» puis comprendre que vous n'ayiez pas eu recours, de
» préférence, au saint prêtre Aléthius, qui demeure où vous
» êtes, et qui aurait pu résoudre de vive voix et fort élo-
» quemment les questions que vous m'avez soumises. Je
» vous conjure donc encore de corriger mon amertume
» par le miel et le nectar de ce grand personnage. » S.
Paulin, à son tour, ne tarit point sur le compte du même
prêtre : « Quelle pureté, s'écrie-t-il, quelle pureté dans le
» style ! quelle sûreté dans la doctrine ! quelle douceur
» dans la parole ! quelle paix dans l'âme ! quel trésor dans
» le cœur ! quel zèle, quelle ferveur dans le service de
» Dieu ! quel respect pour la science des saints ! »

Tels étaient les Lésiens, qui avaient donné tant d'éclat à
l'Evangile et tant de gloire à leur patrie (1)!...

1654. Défenses à toutes personnes de dresser aucune tinelle au Folgoët, sans la permission du seigneur Doyen...
Du reste, il n'en existait déjà que trop, puisqu'on en
comptait seize dans le bourg seul. Nous ne les nomme-
rons pas, parce qu'on y a rattaché des noms trop honora-
bles... Ah ! si les donateurs avaient prévu qu'on dût faire
autant de cabarets des maisons qu'ils avaient léguées à
charge de prières !...

1657. L'ancien Doyen Cupif expirait à Dol, à cette époque, et tournait ses derniers regards vers ce Folgoët chéri,
où il avait goûté tant de paix et de bonheur ! *Et dulces
moriens reminiscitur Argos !*

1658. Autres défenses ; mais, cette fois, aux locataires
des tinelles, de rien débiter en dehors du bourg, sous
peine de 100 liv. d'amende.

1662. Donation faite à la sainte chapelle, par messire
Hervé Le Borgne de Keruzoret, de 6 liv. de rente, assise
sur un convenant au terroir de Pontigou, en la paroisse de
Plougourvest. — Nouveaux chanoines : Mathurin Roullé
et Tugal Jousselin, originaire d'Anjou.

Autres fondations faites en 1666 et 1667 ; la première
par la reine-mère Anne d'Autriche, de six messes basses,
et l'autre, par le chanoine Coroller, de cinq messes hautes
dans la même église.

(1) Ajoutez-y le bon Witur, qui avait possédé si bien les quatre Evangélistes,
et dont le manuscrit avait été couvert de lames de vermeil par Guillaume
de Rochefort, évêque de Léon, en 1350. Witur, ou Guitur descendait de Gui-
turvatus, en breton Guitur-Vad, le bon Guitur, dont Julius Celsus fait mention, et qui vivait du temps de Jules-César, contre lequel il avait défendu
l'antique liberté des Vénètes et des Ossismes.

Encore des défenses: car il en faut toujours faire au Folgoët : défense de construire de nouvelles tinelles ; défense
de faire du feu dans celles qui n'ont point de cheminées ;
et défense surtout de s'enivrer et de se battre dans les unes
comme dans les autres, sous peine de correction ; défenses
au recteur d'Elestrec, messire Alain de l'Estang, d'exercer
aucune de ses fonctions curiales dans la sainte chapelle,
sans le consentement du Doyen.

1668. Dégradations opérées dans cette église par les
valets de Monseigneur de Visdelou, évêque de Léon (1),
sous prétexte qu'on y avait refusé la visite de ce prélat.
Mais pourquoi si peu d'égards pour un prince de l'église,
dont on a dit qu'il n'avait jamais été de trop nulle part,
nullibi nimius (2) ?

1670. Mort du Doyen Anthyme de Cohon à Nîmes, où
le peuple et le clergé l'avaient forcé de reprendre son ancienne dignité. Il y mourut avec la réputation d'un évêque
plein de mérite et de bonnes œuvres. « Que Dieu me face
la grâce de l'imiter, » disait le célèbre Fléchier, l'un de ses
successeurs sur le même siége.

A Monseigneur de Cohon, comme doyen, succéda au
Folgoët Jules-Paul de Cohon, son neveu, savant docteur en
Sorbonne.

1673, 15 juin. Bénédiction au Folgoët du mariage de
messire Jean de Keroüartz, seigneur de La Motte, en Lannilis, et de haute et puissante demoiselle Jacquemine Le

(1) Mort le 18 Mai 1671, inhumé dans la cathédrale, où l'on voit encore son
mausolée en marbre blanc, fait par Nicolas de La Colonge, sculpteur assez
connu par son buste du Chantre du Lutrin. « Apollon de Boileau. »
(2) V. son épitaphe, par Missirien

Roux, dame du Runiou. Les bons paysans, comme les
meilleurs gentilshommes, tenaient alors à honneur d'être
mariés dans cette église sainte : ce qui se représentait plusieurs fois dans l'année. Pas un testament aussi fait dans
un manoir, ou dans une chaumière du pays, qui ne con-
tînt quelque legs, quelque don, quelque offrande à N.-D.
du Folgoët. — Nouveaux chanoines : Paul Le Goff, François Joseph, Louis Grall et Vincent Galliou, tous les quatre
choristes.

1675. Dernier Doyen, Claude de Mauroy, docteur en
Sorbonne, lequel, à l'imitation de Robert Cupif, avait com-
posé un écrit sur l'histoire, les statuts et les priviléges de
sa collégiale ; écrit dont nous déplorons la perte. — Nouveaux chanoines : Salomon Le Roux, Claude Parloüer,
Jean Gaouyer, Jean Chopin, René Billès de Kerfaven, René-
Hyacinthe de la Lande et Claude Grall, vice-gérant, et depuis chanoine de Sainte-Anne de Lesneven, où il est mort,
le 31 juillet 1726.

1677 et 1678. Autres chanoines : Guillaume du Drénec,
Jean Soutré, Claude Castel, François Pitouays et Bertrand
Coranlay, qui survécut à tous ses confrères, et par lequel,
disent les actes, la vénérable liste des chanoines du Folgoët
se trouva close pour toujours.

Suppression de la Collégiale. — Aumônerie de l'ordre séculier.

La Collégiale fut supprimée en 1681, après 259 ans
d'existence : Louis XIV lui substitua un séminaire d'Aumôniers de la marine (1). Alain Madec, recteur de Lan-

(1) Les Lettres-Patentes sont du mois de Septembre de cette année.

nilis, en fut le premier supérieur ; homme de foi, homme habile, orateur distingué !... Tel a été le premier institut de ce genre établi en France (1). Il subsista quatre ans.

Aumônerie de l'ordre régulier.

Les jésuites ayant été appelés à Brest, pour y aider le clergé, qui ne pouvait suffire aux besoins spirituels des armées navales, le roi leur confia, en 1685, le séminaire des Aumôniers du Folgoët, qui fut alors transféré dans cette ville, et qui s'y trouvait aussi mieux placé, Brest étant plus rapproché de la mer que ne l'est le Folgoët. A cette occasion, on frappa une médaille, présentant, d'un côté, l'effigie du Roi, et, de l'autre. l'inscription suivante : *Ludovicus Magnus, ut Maris imperium virtute partum religione tueretur, Seminarium Brestense exstruxit et Patribus Societatis Jesu administrandum commisit. An MDCLXXXV.* Légende : *Tu dominaris potestati Maris.* Et, dès ce moment, on appela cette Aumônerie : « Le Séminaire royal » de la Marine établi à Brest, auquel a été unie à perpé- » tuité la sainte chapelle de N.-D. du Folgoët. »

Nous passons ensuite quelques faits sous silence, de petits faits (2)... Arrivons à l'année 1708, si désastreuse pour cette église, par l'incendie du 24 au 25 mars.

O estlamou furius! ô flammou didruez !

(1) Il suivit de bien près l'Ordonnance de la Marine du mois d'Août 1681, voy. liv. 2, tit. 2.

(2) Tels qu'un aveu pour le bourg et le cloître du Folgoët, fourni à la Principauté de Léon, en 1690, par Michel et Louis Le Termellier, et un autre aveu de 1695, qui déclare que « l'eau de la fontaine, scituée au pignon » oriental de l'église de N.-D. du Folgoët, separe le dit cloistre et fief » du seigneur avouant de celuy du Roy, suivant une pierre bornalo y estant » de tout temps immemorial, armoyée des armes de Rohan et de Leon my- » party ; par lequel cloistre l'on ne frequentoit pas anciennement, mais es- » toit le grand chemin scitué derriere iceluy, du costé du midy, pour arriver » sur la place de foire. »

Le feu avait été mis à l'auguste basilique par l'impru-
dence d'un armurier, qui, voulant préparer les orgues
pour la fête de l'Annonciation, avait collé, la veille, quelques parties des soufflets, et placé un vase de braise au-
dessous pour les sécher, pendant la nuit ; mais il arriva
que la braise, au lieu de sécher les soufflets, se changea
tout-à-coup en un feu dévorant, qui consuma les soufflets,
les orgues et les boiseries environnantes, et puis s'insi-
nuant entre les voûtes et les charpentes de la nef et des
bas-côtés, brûla ces magnifiques charpentes, qui auraient
pu durer encore mille ans, et dont les pièces, disjointes et
enflammées, croulant, de tout leur poids, sur les voûtes,
les brisèrent en entier ; et voûtes et charpentes, mêlées ensemble, tombèrent sur le sol de l'église avec un tel fracas,
au milieu d'une nuit sombre et silencieuse, que tout le
Folgoët, réveillé en sursaut, se crut à la fin des temps, et
presque plongé dans l'enfer. Tout y était en feu : on ne marchait que sur une terre de feu, sous un ciel de feu, entre
des murailles de feu ; on brûlait, on étouffait ; ce n'était
plus qu'un cri : *Crucior hâc flammâ !...* Le lendemain,
on ne voyait que des ruines fumantes, étincelantes, un
temple anéanti, un temple désolé : *Sanctificatio ejus
desolata est sicut solitudo ; et sublimitas ejus conversa
est in luctum.* Mach., c. 4, ✶. 44 et 42. Un poète s'écriait :

Founta ra va zaoulagad, ho muriou béniguet,
Euz ho guélet dijolo, gant an tan ruinet ;
Dévet oc'h oll dorojou, ho gwér ha zo strinquet,
Ar ploum, ar véin, an ernach var ho tro zo poaret !

Le 7 juillet de la même année, mourut à Lesneven dame

Guillemette du Poulpry, baronne de Kersauson, prodige de bienfaisance, bienfaitrice du Folgoët (1) et de toutes les églises de Léon.

1716. Les habitants de Lesneven sollicitent près du Roi la réparation de la sainte chapelle et le rétablissement de l'ancienne collégiale : « A ces causes, disent-ils, la-
» dite communauté de Lesneven, agissant de son motif et
» par celuy des peuples de l'Evesché de Léon et des autres
» de la Basse-Bretagne, supplie très-humblement Sa
» Majesté et Son Altesse Royale Regent du Royaume d'or-
» donner le retablissement de l'Eglise collégiale du Folgoët
» en l'estat qu'elle estoit du temps jadis ; et, ce faisant,
» qu'il leur plaise nommer un Doyen et des chanoines,
» comme de precedent, pour remplir les fondations, sui-
» vant les intentions qu'elles avoient esté faites ; et qu'in-
» continent les seigneurs et particuliers qui y avoient des
» fondations (1) ayent à les rétablir, à la grande devotion
» et satisfaction des peuples, qui sera par là renouvellée ;
» et que, comme il s'agit de retablir aussi l'église incen-
» diée, il soit ordonné que, pendant trois ans, le Doyen et
» les chanoines qu'il plaira à Sa Majesté nommer, comme
» au temps passé, ne toucheront que le tiers au plus du
» revenu, et que les deux autres tiers seront employés à
» payer les decimes, charges, reparations et retablisse-
» ment de l'église, et que ladite commnauté et le peuple
» de l'Evesché de Leon et les autres de la Basse Bretagne

(1) Par contrat du 24 mai 1698, entre autres, elle avait fait don à cette église d'un très-beau champ, dit Parc bras, situé près du bourg.
(2) Tels que MM. Du Poulpry, qui avaient déjà transféré à leurs paroisses les revenus des fondations qu'ils avaient eues au Folgoët. Lobineau, Vies des Saints de Bretagne. p 295.

» redoublent leurs vœux et leurs prieres pour la prosperité
» et la santé de Sa Majesté et de Son Altesse Royale
» Regent du Royaume. »

Cette requête eut pour unique résultat la reconstruction
de la toiture de l'église par une espèce d'architecte, nommé
Guillaume Le Minteur, qui remplaça les trois couvertures
anciennes par un seul et même toit, tel que nous le voyons
aujourd'hui, et qui fit disparaître le magnifique cordon de
galeries extérieures que le feu n'avait pas détruit, et qu'il
aurait pu conserver aussi ; mais qu'il renversa sans pitié,
parce qu'il gênait, disait-il, le placement de sa nouvelle
charpente.

Et voilà la manière dont s'accomplit, à cette époque, la
prédiction du poète du Folgoët, lorsqu'il avait dit que, semblable au phénix, l'église incendiée renaîtrait de ses
cendres :

Ar phénix ha yaouanqua, pa vez scuiz gant cozni,
Èn-hem expoz da vervel évit èn-hem dèvi ;
Neuzé démeuz hé ludu èn-hem furm à névé ;
Ag èn iliz a Folgoat hé bet c'hoarvezet-sé.

1732. Quatre-vingt-trois boutiques sont construites par
les RR. PP. Jésuites sur la place de foire du Folgoët.

1733, 7 février. Décès du B. Jean-Gabriel Le Pape du
Lescoat (1), prêtre de Saint-Sulpice, mort recteur de Ville-
marie, dans le Canada. « Tout le bonheur de ce saint
» prêtre, dit un pieux biographe, avoit été de s'être

_____

(1) Né au manoir du Lescoat, commune de Lanarvily, le 11 mai 1688, de
messire Marc-Antoine-Polycarpe Le Pape, seigneur du Lescoat, et de dame
Claudine du Poulpry de Lanvengat. Son père était décédé au Folgoët, le 6
février 1705.

» attaché à la Mère de Dieu, dès ses plus tendres années,
» dans la chapelle de N.-D. du Moguer, près du manoir
» du Lescoat, ou dans celle de N.-D. du Folgoët, qui n'en
» est pas éloigné. Il avoit puisé des prodiges de salut
» dans ces trésors de la Mère du Sauveur. Il s'y étoit entiè-
» rement consacré à son service. Et plus tard, dans toutes
» les peines, dans tous les travaux, dans les périls, dans
» les afflictions et dans les tentations, il avoit invoqué
» Marie, prosterné au pied d'une image de cette Reine
» des Anges et des hommes. C'est là qu'il lui avoit ex-
» posé ses besoins, qu'il lui avoit découvert sa con-
» fiance. Enfin, il avoit eu tant de sympathie avec elle,
» qu'en passant par les rues de Paris, il avoit salué ses
» images, sans pourtant avoir jamais levé les yeux, comme
» si cette Reine l'avoit averti de sa présence. Il n'avoit
» rien fait sans ses conseils, sans sa permission. Toutes les
» lettres qu'il avoit reçues avoient passé quelques jours
» sous les pieds de cette divine Marie, lui en donnant ainsi
» les prémices et lui faisant un sacrifice de l'empresse-
» ment curieux que l'on ressent dans ces rencontres. Il en
» avoit agi de même pour tout ce qui avoit été à son usage,
» les recevant en aumône des mains de sa bonne Mère...
» Il a laissé un monument éternel de sa tendresse pour
» cette Reine des Cieux par le salut qu'il a fondé, tous les
» premiers samedis de chaque mois, en l'honneur de son
» Sacré-Cœur, obligeant la postérité à honorer et à res-
» pecter un cœur auquel il avoit été redevable de tout ce
» qu'il avoit été, et qu'il aima tendrement jusqu'au dernier
» moment de sa vie... »

9

1735. La commune de Plounéour-Trez est condamnée
à payer, tous les ans, à la sainte chapelle, 304 boisseaux
de froment et 146 boisseaux d'orge, mesure comble de
Lesneven.

1738. Donation d'une lampe d'argent faite à la même
église par haute et puissante dame Marie-Magdeleine de
Matharel, veuve de haut et puissant seigneur messire
François-Gabriel-Joseph marquis du Poulpry, maréchal des
camps du Roi (1).

1750. Rentier du Folgoët, se composant comme suit :
1° fermages, 3,124 liv. 5 s.; 2° neuvième arrenté des
commissions, 208 l. 5 s.; 3° rentes en argent, 253 l. 14 s.;
4° rentes en grains, appréciées en argent, 1681 l. 10 s.;
5° rentes sur le domaine, 643 l. 13 s.; 6° fermage des
impôts, billots et droits de foires, 1150 l.; 7° quêtes, au-
mônes et oblations, 600 l.; total, 7,650 l. 7 s.; dont les
charges étaient celles des réparations ordinaires et de la
desserte de 1400 messes basses et de 50 messes à chant :
ce qui se faisoit au moyen des pères eux-mêmes, et puis
des récolets de Lesneven et des carmes de Brest, dont l'un,
le P. Armel de Sainte-Anne, a illustré son ordre par les plus
rares vertus :

> Entre tous les héros qu'a produits le Carmel,
> On ne peut oublier l'incomparable Armel,
> Cet homme tout divin, dont l'illustre mémoire
> Sera de l'ordre entier l'ornement et la gloire.

Ce religieux est mort sainement à Ploërmel (où sont

---

(1) Chevalier d'honneur de Madame la Duchesse de Berry, etc., mort
en 1726.

morts tant de saints !; le 30 octobre 1739. On lui a consacré les vers suivants :

L'amour fut de son cœur le premier mouvement ;
L'amour l'accompagna toujours fidèlement ;
L'amour seul termina son amoureuse vie ;
L'amour l'unit enfin à Jésus et Marie.

1763. Expulsion des jésuites ; ordre pieux, ordre saint, comme l'avait proclamé le saint concile de Trente. Leurs biens du Folgoët passent sous le régime d'un économat, qui les conserve avec un soin digne des plus grands éloges. Le dernier régisseur fut M. Charles Bertrand de Bélair, ancien avocat à Lesneven (1).

Suit la liste des supérieurs jésuites au Folgoët : 1686, Antoine Bachelier ; 1687, Jean Rossignon ; 1691, Olivier Le Cam ; 1699, François Fortet ; 1700, Louis de la Fare ; 1707, Jean Rossignon ; 1714, Jean-Jacques Collin ; 1716, Hyacinthe-Vincent de Kermorvan ; 1718, Charles de la Fare ; 1720, Charles-François Girard ; 1726, François Catrou (2) ; 1730, René de Saint-Malon ; 1739, François-Xavier de Coëtlogon ; 1747, Hyacinthe des Rivières (3) ; 1758, Etienne Goublet ; 1759, Jean-Baptiste Coroller.

1772. Hôpital militaire établi au Folgoët, et pouvant contenir environ 300 malades (4).

1) Le premier économe avait été M. Joseph Mazurié de Kervoalen, sous M. Louis Marchal de Sainscy, économe général des biens des jésuites, le 2 février 1763.

(2) Auteur de l'*Histoire romaine*, en 12 vol. in-4°, etc.

(3) Auteur de la *Table de l'inventaire des titres du Duché de Bretagne*, msc. conservé à la Bibl. de Rennes, n° 10,884 de notre catalogue.

(4) Voy. le *Plan des bâtiments qui dépendent du Prieuré du Folgoët, pour faire connaître l'enceinte de ceux qui sont occupés actuellement par l'hôpital militaire que l'on y a établi, et les parties qu'il est encore nécessaire d'y joindre* ; par M. P. J. Besnard, ingénieur des ponts-et-chaussées. 1783, grande feuille manuscrite conservée au Folgoët.

1778. Transport à cet hôpital des blessés de la *Belle-Poule* (1), tels que le chevalier de la Bintinaye et M. de la Roche-Kerandraon. Un courrier, expédié de la cour, leur avait apporté au Folgoët la croix de Saint-Louis.

1785. Nuit encore funeste, du 23 au 24 décembre; incendie de la direction de l'hôpital, placée au levant de l'église; le directeur, M. Fouquet, y périt dans les flammes...

Révolution.

Il y a trois mille ans que le Roi-Prophète prononçait ces paroles :

« Les dominations de la terre se sont assemblées contre
» le Seigneur et contre son Christ ; elles ont dit : Rompons
» leur joug, et jetons-le par dessus nos têtes : *Dirumpa-*
» *mus vincula eorum, et projiciamus à nobis jugum ip-*
» *sorum...* » Psal. 2, v. 3.

Et voilà que la prédiction s'est accomplie, de nos jours ; que les liens ont été rompus, que le joug a été jeté, et que la France, cette fille aînée de l'Eglise, s'est soulevée contre le Seigneur et contre son Christ.

Ici nous abrégerons l'histoire, « ces choses ne pouvant » être écrites que dans une autre génération. » Ps. 101, v. 19.

1789 se lève comme l'Ange exterminateur : il proclame partout la spoliation des propriétés de l'Eglise ; il invite à les saisir.

1790. Saisie des ornements et des vases sacrés de notre

(1) Le combat avait eu lieu, le 17 juin, sur toute la ligne du Corréjou à Plouescat.

auguste Basilique ; saisie de l'or et de l'argent, pour une
valeur de 30,000 francs au moins (1) ; saisie de tous les
meubles, saisie de tous les biens ; vente des meubles, vente
des archives, des livres (2), des manuscrits... Dans le
nombre, se trouve un exemplaire de S. Augustin, dont les
marges, couvertes de notes sur la collégiale, sont dépecées,
dans un instant, pour en faire des cornets et des enve-
loppes... Quelle rage, quelle fureur portait déjà les hommes
à tout vendre, à tout détruire, à déchirer, comme des enfants malfaisants, les feuillets de leurs livres, les pages de
leur histoire !

1791, 23 avril. Vente de l'église et de son enceinte au
fils de l'étranger, au citoyen Julien P., pour une somme de
11,385 liv. 5 sous. — 20-30 juillet, ventes de plusieurs
fermes de la collégiale ; ventes de l'hôtel des Pélerins, de
la Maison des Aumôniers (3), de tout le bourg du Folgoët...

1792. Cloches fendues et brisées pour en faire des
canons. A chaque coup de masse qu'on porte à la plus
grande (4), qui résiste longtemps à ces assauts, une voix
impie, pour ranimer les ouvriers, adresse à la cloche même
ces rimes insolentes :

> Monument de vanité,
> Détruit pour l'utilité
> Et pour la liberté.

---

(1) On y remarquait, entre autres, un saint-ciboire et un calice en or, un
saint-sacrement, des bénitiers, des burettes, des calices, des flambeaux, des
encensoirs, des croix, des statuettes, la représentation de l'Eglise en argent.

(2) A cette vente, le Plutarque d'Amyot, de 1567, 13 vol. in-8°, reliure magnifique, gauffrée, dorée sur tranches, fut adjugé à 10 s. : il valait 200 fr.

(3) Occupée aujourd'hui par les Frères des Ecoles chrétiennes.

(4) Appelée la Cupive, du nom de l'ancien doyen. Cette cloche pesait 900
liv. Neuf cordonniers y pouvaient, dit-on, avoir leurs coudées franches.

1793. Ventes, ventes et ventes sans fin des autres biens de l'église ; tout y fond, tout y passe !... Viennent ensuite d'autres profanations, d'autres destructions, exécutées au milieu des accès de rage, des vociférations et des blas-phêmes ! Croix abattues (1), statues renversées, mutilées ; reliques foulées aux pieds... Une pieuse demoiselle ayant voulu en recueillir quelques-unes : « Arrête, lui dit le ci-» toyen D. ; que veux-tu faire de ces reliques, ce sont des » os de poulets ? — Des os de poulets ! reprit la bonne de-» moiselle ; oui les vôtres, qui ne seront jamais des os de » saint ! » — Ce fut alors, ajoute-t-on, qu'on retira d'une petite châsse le crâne du B. Salaün, qu'on a vu errer assez longtemps d'un bénitier à l'autre de l'église.

Ce n'est pas encore tout ! car, comme l'horrible justice de cette époque fonctionnait à l'envi sur des têtes vivantes, on eut soin d'en donner le simulacre sur les statues des saints et des évêques : Le Christ fut décapité sur la croix, comme Louis XVI venait de l'être sur l'échafaud. On se vantait de ces prouesses. « C'est moi, disait un Jacobin, » qui ai eu l'honneur de brûler la cervelle au crucifix que » l'ancien régime avait planté tout juste en face de ma » porte. »

On vit donc rouler les têtes de ces statues et les statues elles-mêmes dans les portiques, dans la nef, dans les cha-pelles, autour de l'église, dans le cloître, dans l'enceinte, absolument partout. On eût dit un cimetière bouleversé, ou bien un champ de bataille, après une grande défaite.

Une seule statue échappa saine et sauve à cet affreux

(1) « Les croix de N.-D. du Folgoët passaient pour les plus belles de l'Eu-rope » Vie de M. Le Nobletz.

désastre : c'était celle de N.-D. de Pitié, dont nous avons fait mention. Un soldat, nommé La Mousseline, ayant voulu la briser, une femme, qui vénérait cette statue, se prit à dire : « Et depuis quand la mousseline veut-elle s'en » prendre à la pierre ? » Cette réflexion fit rire les assistants et désarma le destructeur. Ceci nous rappelle un autre trait arrivé à N.-D. de Bétharram, près Pau, trait qu'on aurait bien dû imiter pour le Folgoët : Un officier, admirant à Betharram cinq images qui en faisaient l'ornement, dit aux soldats qui s'apprêtaient à les briser : « Respectons » ces chefs-d'œuvre, passons !... »

Vint, après les statues, le tour des armoiries : on y martela, on y brisa les écussons avec tant de fureur, qu'il n'en resta que deux, par le plus grand hasard, à savoir l'écusson de Navarre dans la clef de la voûte sombre, et l'écusson de l'évêque de Chauvigné, qu'on enleva et que l'on conserve encore au Diouris, entre Kernilis et Lannilis : *D'hermines, à 2 fasces de gueules et 3 tourteaux de même, 2 en chef et 1 en pointe,* sur un fond de Kersanton.

Ces travaux de destruction coûtèrent la vie à celui qui s'en était chargé, encore bien que le citoyen P. ne parle que de blessures graves, dans une lettre au citoyen L., du 22 août 1794 (vieux style) :

« Quant à ce pauvre diable, qui s'est fracassé les » membres pour effacer les signes de la féodalité de l'é- » glise du Folgoët, tu as passé un marché avec lui, je t'ai » compté les 900 liv. convenues, tu peux juger s'il a » rempli exactement ses conditions ; et, dans ce cas, ter- » mine son paiement. »

Il ajoutait, dans une autre lettre du 16 octobre de la même année :

» Tâche donc de faire cesser l'histoire des armoiries :
» je ne conçois pas comment il ait pu en rester des traces,
» après les peines que je me suis données pour les faire
» effacer toutes. »

Quel flegme dans ce peu de lignes ! Comme elles peignent l'époque où elles ont été tracées ! Quel mépris on professait alors pour les arts et pour la vie des hommes ! A quel abrutissement, toutefois, mènent les révolutions !…

Le 13 décembre 1794, revente de l'église et d'une partie de l'enclos par le citoyen P. au citoyen Anquetil, ancien fripier de Brest (1), dont le nom a acquis une certaine célébrité par cette acquisition.

Sous Anquetil, la sainte Basilique devint tour à tour crêche, écurie, grange, magasin, caserne (2), et même Temple de la Raison. En elle enfin s'accomplirent les paroles prophétiques qu'avait prononcées le R. P. Beauregard, en 1789 :

« Oui ! vos temples, Seigneur, seront dépouillés et dé-
» truits, vos fêtes abolies, votre nom blasphêmé, votre
» culte proscrit ! Mais qu'entends-je ? Grand Dieu ! que
» vois-je ? Aux saints cantiques, qui faisaient retentir les
» voûtes sacrées en votre honneur, succèdent des chants
» lubriques et profanes ! Et toi ! divinité infâme du paga-

(1) Originaire de Rouen, mort au Folgoët, le 19 août 1815, à l'âge de 60 ans.
(2) On la quitta pourtant, « Vu qu'on ne pouvait sans inhumanité et sans
» manquer à la reconnaissance que l'on doit aux défenseurs de la Patrie, les
» loger dans une habitation aussi froide, aussi humide, aussi malsaine. » M.
de K. père, Regist. de Lesneven. C'était là un moyen de soustraire l'Eglise à
de nouvelles destructions.

» nisme, impudique Vénus ! tu viens, ici même, prendre
» audacieusement la place du Dieu vivant, t'asseoir sur le
» trône du Saint des saints, et recevoir l'encens coupable
» de tes nouveaux adorateurs !... »

Tout avait péri dans le temple ; ses pierres, froides et
muettes, ne répondaient plus à la voix des peuples qui venaient y redemander leur Dieu. « Et les voies et les portes
de Sion gémissaient dans le deuil et dans les larmes :
Viæ et portæ Sion mærent et lugent... »

Cependant, l'image miraculeuse du Folgoët avait été
sauvée du désastre par le courage d'un bon paysan, qui
l'avait recueillie avec soin dans sa demeure, où elle passa
tout le temps de la Terreur, et où elle fut visitée, mais bien
secrètement, par quelques bonnes âmes, qui priaient encore pour la France, lorsque c'était un crime de prier.

Quand des temps plus calmes eurent remplacé ces jours
de troubles, les fidèles prirent à loyer la sainte chapelle, et
s'empressèrent d'y rapporter l'image que le bon laboureur
avait déjà déposée dans l'église de Guicquelleau, paroisse
de la chapelle. On choisit pour cette translation le 8 septembre 1808, jour du grand pardon du Folgoët, ce grand
jour de la Nativité de la Reine des Anges, où toutes les paroisses voisines se réunirent pour cette pieuse solennité,
entre autre les suivantes :

> Processionou Lesnéven,
> Ré Plouzéniel, ha Sant-Néven,
> Ré Kernoüez, ag an Drénec,
> Ag ivé ré Trégarantec.

Comment peindre les traits principaux de cette marche

9*

religieuse, où le Folgoët s'était ingénié à exalter l'antique Patronne, qui lui avait donné sa foi, son existence, son monument (1).

Le Folgoët était donc là représenté par tous les âges et par tous les sexes, depuis le petit enfant marchant à peine jusqu'au vieillard courbé sous le poids des ans et des infirmités ; depuis l'humble femme du peuple jusqu'aux dames et aux demoiselles les plus riches et les plus distinguées des communes voisines. Ici, de véritables anges de la terre, que les anges du ciel, auxquels ils empruntaient leurs attributs, auraient pu avouer pour leurs sœurs, tant leur front et leurs yeux baissés laissaient deviner la candeur et la piété de leur âme. Là, de mâles figures de laboureurs et d'artisans, dont la physionomie ouverte accusait franchement la foi robuste qui vivait en eux.

Le religieux cortége arrivait de Guicquelleau ; le voilà qui s'approche. Déjà nos yeux aperçoivent les bannières flottantes des diverses paroisses. A l'ombre de leurs plis marche l'image de l'auguste Patronne ; un groupe de vierges l'accompagne ; c'est l'union des chœurs des anges du ciel aux chœurs des vierges de la terre, louant ensemble la Reine des Anges et des Vierges, autour de la statue de la Mère de Dieu, qui semble porter ses regards sur le Folgoët, et dont on croit avoir surpris, un instant (2), l'ineffable sourire.

Immédiatement, suit un groupe de petits enfants, que leurs pas mal assurés encore font ressembler à un trou-

(1) « Ce monument biblique. »
(2). A la croix de Kerdu ; sur laquelle on lit ces mots : *Salve* † *preciosa !...*
O † *ave spes Unica !...*

peau de timides agneaux. Leurs petites mains balancent des oriflammes aux chiffres de l'Enfant-Jésus et de Marie. Et au milieu d'eux une banderole exprime cette touchante pensée : « Les enfants du Folgoët sont les enfants de » Notre-Dame... »

> « Au déclin de la vie,
> » Comme en nos jeunes ans,
> » De la Vierge Marie
> » Nous sommes les enfants. »

Ainsi parlent les vieillards, qui viennent après les enfants.

Arrive ensuite une troupe de jeunes villageois figurant la population laborieuse de nos communes rurales, et semblant dire à leur tour :

> « A la Vierge Marie
> » Nous offrons en présents
> » Les fleurs de la prairie
> » Et les moissons des champs. »

Et puis, un peuple immense ; les hommes en tête et les femmes après, marchant dans un ordre admirable et dans le plus grand recueillement.

Comment peindre aussi cet innombrable clergé sous ses chapes et ses chasubles éblouissantes, avec ces chœurs de chantres, mêlant leurs voix à celles des prêtres ; et surtout ces vénérables recteurs, revenus naguère de l'exil, ou sortis de la persécution, et dont la chevelure de neige, ou la haute stature rappellent à la foule le temps des patriarches, ou celui des martyrs ; et l'émotion de cette population en présence de ces prêtres, et cette émotion se traduisant en larmes à l'entrée de l'auguste Basilique, qui, elle aussi,

avait souffert le martyre et en portait les blessures encore
saignantes? Le *Te Deum* fut entonné par ce vénérable
clergé et répété dans la foule avec des accents qui durent
émouvoir jusques dans les cieux le cœur si tendre de Marie.
Son image s'arrête; les prêtres la placent sur le trône qu'elle
avait occupé autrefois; et, du haut de l'autel, le doyen de
ces prêtres bénit, avec sa voix puissante, le peuple des fidèles incliné devant la Mère de Dieu,.. *Vetus error abiit!...*
Isaï, c. 26, v. 3.

Mais à peine une année s'était-elle écoulée du fermage,
que le propriétaire vint déclarer qu'il allait vendre l'église,
soit en bloc, soit en détail, à tant la toise, à tant la pierre :
« Je la démolirai de fond en comble, ajoutait-il, j'en éta-
» lerai les matériaux à la vue du public, et chacun pourra
» y faire son choix ! » — « Vous ne la démolirez pas, lui
» répondit un vénérable jurisconsulte (1) ! Dieu aime trop
» son église, et saura la défendre contre ses ennemis ; leurs
» pioches et leurs marteaux se retourneront contre eux,
» ou se briseront entre leurs mains !... Et si vous voulez
» étendre vos pierres et vos ruines au-delà des limites de
» votre étroite enceinte (2), vos voisins s'y opposeront !...
» et si vous essayez de les déposer en dehors sur les places
» et sur les routes, comptez que les maires des communes
» dont les territoires aboutissent tous en cet endroit (3),
» vous en empêcheront, et vous feront rentrer dans vos

(1) M. de K. père.
(2) Comprise dans les étroits sentiers qui entourent l'église. Voy. le contrat
du 25 août 1810, Feillet, notaire à Lesneven.
(3) Celles d'Elestrec et de Ploudaniel surtout étaient tellement rapprochées
de l'enclos, dans la partie du levant, que, lorsque la porte était ouverte en
cet endroit, on disait que la moitié de cette porte était en Elestrec, et l'autre
moitié dans Ploudaniel.

» limites !... Songez, en outre, à la vengeance que le Sei-
» gneur retirera de ces profanations ; songez au compte
» sévère que vous aurez à lui en rendre un jour !...

Ces sages observations portèrent les plus dignes fruits.
« Anquetil s'attendrit sur le sort de son église. » Six mois
après, le 25 août 1810, douze laboureurs, guidés par le
même jurisconsulte (1), rachetaient l'ancienne Basilique
pour une somme de 10,000 fr., et la cédaient à la commune de Guicquelleau (2), dont elle est devenue, en 1829,
l'église paroissiale. C'est ainsi que la fille a remplacé la
mère. Le Folgoët était autrefois en Guicquelleau, et c'est
maintenant Guicquelleau qui se trouve dans le Folgoët. Cette
paroisse aura donc porté trois noms, comme elle a compté
trois patrons et trois églises ; savoir, pour les noms, ceux
d'Elestrec, de Guicquelleau et du Folgoët ; pour les patrons,
S. Jégu, S. Eleau (3) et la Sainte-Vierge ; pour les églises,
Lannuzien, Guicquelleau et le Folgoët. Son territoire renferme 911 hectares de superficie (4), et une population de
905 âmes, au lieu de 900 seulement qu'on y trouvait
en 1779.

Il serait à désirer que le Folgoët, puisqu'il tend chaque
jour à s'agrandir, fit un pas de plus vers nous, et vînt se

(1) Noms de ces douze laboureurs : Anne Le Gall, François Le Gall, son
frère, Hervé Le Goff, François Uguen, Marie-Anne André, Guillaume Loaëc,
Jean Arzur, Jean Toutous, Jean Gac, Yves Laot, Guillaume Kerbrat et Gabriel
Abjean.

(2) Ils ont été remboursés, plus tard, de leurs avances sur le produit des
offrandes. Voy. l'excellent petit livre breton, intitulé : *An Itron Varia* ; p. 173.

(3) Egalement patron de Landeleau, petite ville où l'on voyait autrefois le
sarcophage du saint, dans lequel S.-Yves avait voulu passer une nuit. *Vita
S.-Yvonis, ap. Bolland.*, 19 maii.

(4) Superficie dont les principales divisions se composent comme suit :
terres labourables, 582 ; prés et pâtures, 44 ; bois, 43 ; vergers et jardins, 9 ;
landes et fonds incultes, 168 ; superficie des propriétés bâties, 9 ; contenances
non imposées, 58 ; constructions diverses, 137.

joindre à Lesneven, au moyen d'une rue qu'on établirait en droite ligne entre ces deux localités, en suivant la petite voie qui, à raison de sa brièveté, a reçu, depuis longtemps, le nom de Rétalezr, c'est-à-dire de course furtive, ou de course du larron, Red-al-laër.

N'oublions pas, en finissant, de parler des reliques dont on vient d'enrichir cette église, telles que celles de S. Paul-Aurélien, évêque de Léon, celles de S. Corentin, évêque de Quimper, les reliques de S. Clair, évêque de Nantes, et celles de S. Yves, prêtre, natif de Tréguier, surnommé l'Avocat des Pauvres, et dont le culte s'est répandu dans tout le monde chrétien :

Jure te civem vocat et patronum
Civis et hospes !

N'oublions pas non plus les recteurs, ou les curés de Guicquelleau, qui ont été aussi ceux du Folgoët. C'est un pieux devoir à remplir, une douce obligation que nous recommande l'Apôtre des nations : « Souvenez-vous, nous » dit-il, de vos conducteurs dans la foi, de ceux qui vous » ont prêché la parole de Dieu ; et, considérant quelle a été » la fin de leur vie, imitez leurs exemples. » Aux Hébr. c. 13.

Recteurs d'Elestrec et de Guicquelleau : 1426, Yves Kerentel ; 1514, Paul de Gouzillon, mort en 1520 ; 1590, Yves Milbéo ; 1625, Henri Cloarec ; 1634, Christophe de l'Estang ; 1644, Jean Huon ; 1656, René Keroullé, mort le 3 janvier 1669 ; 1662, Alain de l'Estang ; 1674, Jean Blonce, mort le 3 février 1685 ; 1685, Tanguy Abjan ;

1689, Yves Le Roy, mort le 11 juillet 1729 ; 1729, Julien Le Quentrec, mort le 1er novembre 1736 ; 1736, Mathias Stéphan ; 1749, Denis Guymar (1); 1773, Goulven Le Melloc, surnommé Le Bossuet de Léon, mort le 5 septembre 1785 ; 1785, René Tanguy (2). — Révolution. — 1802, Jean-Pierre L'Haridon, mort le 4 juin 1806 ; 1806, René-Corentin Marzin, mort le 30 août 1818 ; 1818, Jean-Marie Berthou, mort le 23 janvier 1821. — Recteurs du Folgoët, proprement dits : 1826, Alain Le Scornet, mort le 23 septembre 1837 ; 1837, M. Jacques Calvez, auteur de notices et de cantiques bretons sur son église.

« La Bretagne, dit le nouvel Ogée, ne renferme aucun
» monument religieux qui mérite plus que le Folgoët de
» fixer l'attention des artistes. Malheureusement la tour-
» mente révolutionnaire a sévi de toute sa fureur contre
» cette église, et aujourd'hui, ce miracle de l'art est dans
» un état de délabrement d'où bientôt on songera sans
» doute à le retirer. »

Effectivement, cette église a été placée, depuis, au rang des monuments à restaurer, à conserver ; et le gouvernement, fidèle à ses promesses, lui prodigue, tous les jours, les plus grands soins.

Il restera donc debout ce temple vénérable ; il restera debout ; et, dans plusieurs siècles, nos neveux pourront en dire, comme nous en disons nous-mêmes : « Voilà des
» murs qui, aux jours de l'éruption du volcan, furent as-
» saillis par des laves impures : ils traversent majestueu-
» sement les âges, tandis qu'on cherche en vain la trace

(1) Mort recteur de Guicmilliau, en 1789.
(2) Émigré en 1792 ; décédé recteur d'Ouessant, le 20 mai 1812.

» de ceux qui voulurent, en les profanant, effacer le nom
». de Jésus-Christ et celui de sa divine Mère de la mémoire
» des hommes. »

« Annoncez maintenant, annoncez les louanges et les
» grandeurs de Marie : *Eia ! nunc annuntiate laudes et*
» *præconia Virginis Beatæ !*

» Et vous, Seigneur, ayez pitié de Sion, puisque le
» temps de la miséricorde est venu ; puisque vos serviteurs
» ont tant de zèle pour ses pierres, pour ses ruines, et tant
» de compassion pour sa terre désolée : *Quoniàm placue-*
» *runt servis tuis lapides ejus, et terræ ejus misere-*
» *buntur* » Psal. 101, ♥. 14 et 15.

FIN.

ERRATA.

—

Page 4, ligne 4, au lieu de : *il faut*,   lisez : *il lui faut.*
Page 8, ligne 11, au lieu de : *trogs*,   lisez : *troys.*
Page 8, ligne 27, au lieu de : *Guicquellean*,   lisez : *Guicquelleau.*
Page 15, ligne 13, au lieu de : *vūt*,   lisez : *veūt.*
Page 29, ligne 18, au lieu de : *prœterit.*   lisez : *prœteriit.*
Page 50, ligne 29, au lieu de : *pui*,   lisez : *quis.*
Page 64, ligne 8, au lieu de : *Lannisienne*,   lisez : *Lannilisienne.*
Page 78, ligne 5, au lieu de : *luy donnan*,   lisez : *luy donnant.*
Page 81, ligne 18, au lieu de : *un demi-quart*,   lisez : *un quart.*
Page 88, ligne 5, au lieu de : *véac'h*,   lisez : *véach.*
Page 103, ligne 13, au lieu de : *se recommander*,   lisez : *s'y recommander.*
Page 120, ligne 4, au lieu de : *éloigné*,   lisez : *éloignée.*